Wir erleben die Bibel

Norbert Thelen

# Wir erleben die Bibel

Kindergottesdienste im Kreis
Mit Liedanhang

Matthias-Grünewald-Verlag · Mainz

verlags gruppe engagement Der Matthias-Grünewald-Verlag ist Mitglied der Verlagsgruppe engagement

Die Deutsche Bibliothek – CIP-Einheitsaufnahme

**Thelen, Norbert**:
Wir erleben die Bibel : Kindergottesdienste im Kreis ; mit Liedanhang / Norbert Thelen. – Mainz : Matthias-Grünewald-Verl., 1999
ISBN 3-7867-2192-0



Umschlagbild: Carsten Costard, Mainz
Umschlaggestaltung: Matlik & Schelenz, Nieder-Olm
Satz: Textservice Zink, Schwarzach
Druck und Bindung: Fuldaer Verlagsanstalt

ISBN 3-7867-2192-0

# Inhalt

## III. Jesus – was er gesagt und getan hat

## IV. Ostern – der große Wendepunkt



## V. Gottesdienste mit Anspiel



## Anhang

## Vorwort

Liebe Leserin, lieber Leser!
Rezepte – in der Küche sind sie etwas ganz Normales: Hinweise, wie man kochen und backen kann; Ergebnisse von „Versuch und Irrtum"; Rezepte wollen gute Erfahrungen weitergeben, damit die Vorbereitung Spaß macht und das Essen schmeckt.
So etwas wie Rezepte halten Sie in den Händen: „Rezepte für Gottesdienste".
Dieses Buch will gute (Gottesdienst-)Erfahrungen festhalten und weiterreichen.
Es will zeigen, wie wir es gemacht haben, wie es uns „geschmeckt" hat, wie wir diese und jene Schwierigkeit gemeistert haben.
Die Vorschläge wollen nicht schematisch und erst recht nicht herz- und glaubenslos nachgemacht werden; sie verstehen sich nicht als Tipps zum Aufwärmen in der schnellen Küche.
Vielmehr will dieses Buch Mut machen, es selbst zu versuchen, „frisch" zu kochen, mit eigenen Zutaten und auf dem eigenen Herd; die eigenen Erfahrungen und Fähigkeiten sollen entdeckt, eigene „Lebens-Mittel" und Gewürze sollen eingesetzt werden. Im Blick sollen die Menschen sein, die zu dem gemeinsamen Fest eingeladen sind.
Die hier vorliegenden Gottesdienstentwürfe haben zunächst Kindergarten- und Grundschulkinder und deren Eltern im Blick. Aber auch Gruppen von Erwachsenen finden – geringfügige Anpassungen vorausgesetzt – hier einen neuen ganzheitlichen Zugang zum Gottesdienst. Schließlich eignen sich die beiden Hauptteile der Gottesdienstentwürfe im katechetischen Bereich zur kreativen Erschließung biblischer Geschichten.
Methodisch greifen die Gottesdienstentwürfe die „Ganzheitliche religionspädagogische Praxis" auf, die mit den Namen Franz Kett und Schwester Esther Kaufmann verbunden ist. Ihnen und allen, durch die ich die „Anschauungen der RPP" kennen und schätzen gelernt habe, gilt mein besonderer Dank!
Die Skizzen zu den einzelnen Gottesdiensten stammen von Walburga Illigen, Mertesdorf.

Ich widme dieses Buch den Müttern und Vätern aus den Kindergottesdienstkreisen des Pfarrverbandes Waldrach, ohne deren Ideen, Kritik und Ermutigung diese Gottesdienste nicht entstanden wären.

*Norbert Thelen*

# VORBEMERKUNGEN

## Was mir wichtig geworden ist

1. Gottesdienste (im Kreis) sind für viele *nichts Vertrautes*; daher ist (bei manchen) mit dem Gefühl der Unsicherheit zu rechnen, das sich in vielfältiger Weise äußern kann, z.B. durch Lachen, Schweigen, abwertende Äußerungen ...
2. Als *Versammlungsort* brauchen die „Gottesdienste im Kreis" einen möglichst quadratischen Raum ohne gefährliche Stufen[1]. Hier versammeln sich Erwachsene und Kinder in *einem Kreis* (Stuhlkreis)[2]; alle haben Blickkontakt zu allen, alle haben einen gemeinsamen Mittelpunkt. In der Mitte entsteht ein Ort für Begegnung, Bewegung und Legearbeit. Alle TeilnehmerInnen des Gottesdienstes können sich so eher zur aktiven Teilnahme am Gottesdienst eingeladen fühlen. Die geschwisterliche Gleichheit aller GottesdienstteilnehmerInnen wird sichtbar.
3. Die Gottesdienste sollten stets *gleich aufgebaut* sein (s. S. 14ff). Dies gilt insbesondere für den Eingangs- und Schlussbereich. Durch die sich wiederholende Form entstehen Wiedererkennungselemente, auf die man sich freut. Dieser Rahmen gibt Orientierung und ist Basis, sich auch auf Neues einzulassen, z.B. frei gesprochene Fürbitten.
   Auch wenn einzelne Elemente unterschiedlich gewichtet sein können – eine gleich bleibende Struktur erleichtert letztlich auch die Vorbereitung des Gottesdienstes bzw. gibt Raum zur inhaltlichen Beschäftigung mit dem Thema.
4. Die „Gottesdienste im Kreis" wenden sich an *Kinder ab Kindergartenalter und deren Eltern*. Wichtig ist, dass beide Perso-

1 Wir haben gute Erfahrungen in Gemeinderäumen gemacht. Das „Weltliche" hat nicht gestört; vielmehr entsteht in der Mitte der Menschen, die Gottesdienst feiern, ein neuer lebendiger Sammlungspunkt, gleichsam ein neuer „heiliger Ort".

2 Dank eines entsprechend großen Raumes haben wir so mit bis zu 70 Personen Gottesdienst gefeiert. Bei einem Doppelkreis ist darauf zu achten, dass auch die Personen in der zweiten Reihe sich zur aktiven Teilnahme am Gottesdienstgeschehen eingeladen fühlen.

nengruppen sich im Gottesdienst wohl fühlen und für sich etwas vom Gottesdienst „mitnehmen" können.[3]
Die Kinder sollten so „groß" sein, dass sie sich auf die Dauer eines gemeinsamen Gottesdienstprozesses einlassen können und z.B. die Legearbeit in der Mitte des Stuhlkreises nicht „beschädigen".
Eltern dürfen sich nicht als Zuschauer oder Aufsichtspersonen vorkommen, sondern sollten sich eingeladen fühlen, den Gottesdienst als Erwachsene aktiv mitzufeiern.[4]

5. Als „Gemeinschaftsveranstaltung" brauchen auch die „Gottesdienste im Kreis" eine *Leitung*. Diese Leitung können sich zwei bis drei Personen untereinander teilen, sodass z.B. einer den Eröffnungs- und Schlussteil, ein anderer den biblischen Teil und wiederum jemand anderes den Gebetsteil leitet.
Eine Leitung ist gut gelungen, wenn die (großen und kleinen) GottesdiensteilnehmerInnen spüren, dass der/die LeiterIn verständlich, einladend und wertschätzend mit ihnen umgehen will.
6. Immer bestehen die GottesdienstteilnehmerInnen jedoch aus *Einzelpersonen*; deshalb braucht auch ein gemeinsamer Gottesdienst Orte für Stille, Einzellegearbeit, spontane (Wort-)Beiträge.
7. Das *Thema* eines Gottesdienstes muss für die TeilnehmerInnen *„überschaubar"* sein. Konkret: Ein Kindergottesdienst darf Kinder (intellektuell) nicht überfordern, ohne kindisch zu sein oder moralisierend zu wirken! Das Thema muss mit der Erfahrungswelt der Kinder zu tun haben, mehr noch, es sollte zu einer erhellenden und heilenden Botschaft für das Leben der Kinder werden.
8. Beim Erzählen der biblischen Geschichten sollte Liebe zu Details und Einzelheiten spürbar sein, ohne dass der Gesamtzusammenhang aus dem Blick gerät. Dramatisierungen und

3 In einer Gemeinde fanden die „Gottesdienste im Kreis" einmal im Monat als Sonntagsgottesdienst in der hier dokumentierten Form statt. In einer anderen Gemeinde beschränkt sich das eigenständige Angebot für Kinder auf die Teile 1–3 der hier vorgelegten Gottesdienstentwürfe; danach ging man in die Kirche, wo man die Eucharistiefeier etwa ab der Gabenbereitung mitfeierte.

4 Die Gottesdienstvorschläge Nr. 11 und 14 enthalten z.B. eine ausdrückliche elternspezifische Rolle.

große Erklärungen sind jedoch nicht sinnvoll. Die ausgewählten Texte *sprechen aus sich heraus*; sie erschließen sich stufenweise aus eigener Kraft.

9. Das Erzählen der biblischen Geschichte bzw. Jesusgeschichte sollte durch das *Anzünden* einer *Jesus-Kerze* hervorgehoben werden.
   Geht es bei dem Gottesdienst um eine Mahlgeschichte, so sollten die TeilnehmerInnen natürlich auch etwas zu *essen* – und/ oder zu *trinken* – bekommen.
   Kinder können auf das Thema eines Gottesdienstes neugierig gemacht werden, wenn man sie einlädt, *etwas zum Gottesdienst mitzubringen*, z.B. eine Blume, einen Zweig.
10. Wenn (Kinder-)Gottesdienste *regelmäßig* gefeiert werden, d.h. in Abständen, die für Kinder überschaubar sind[5], am gleichen Ort und zur gleichen familienfreundlichen (!) Zeit, dann bilden sich (allmählich) neue Gottesdienstgewohnheiten heraus. Solche Gottesdienste brauchen nicht jedes Mal eine ganz neue, ausgefallene Idee zu haben. Gerade Kinder lieben vielmehr Wiederholungen, sie brauchen die Wiederkehr von vertrauten Themen und Ritualen; dies schafft Orientierung und gibt Geborgenheit.
11. Gottesdienst ist *Ort der Begegnung* – mit mir – mit anderen – mit Gott, nicht Schulung in Bibelkunde, Singen oder Theaterspielen, auch nicht Erziehungsinstrument.
12. Gottesdienst will *zum Sinn führen.* Die vorgelegten „Gottesdienste im Kreis" wollen Sinnbotschaften des eigenen Lebens und Sinnbotschaften der Bibel wecken und zu (ganzheitlichen) Erlebnissen werden lassen.
    Der ganze Mensch mit all seinen Sinnen soll angesprochen werden: *Durch die Sinne zum Sinn*!
13. Gottesdienst ist *nicht Leistung* für Gott, sondern „Spiel-Raum", *dankbares Sein bei Gott.*

5 Wir haben monatlich zu den „Kindergottesdiensten im Kreis" eingeladen; ein häufigeres Angebot wäre sicher nicht sinnvoll.

**Jesus-Kerze und Opferlichter**
Die Jesus-Kerze sollte so dick sein, dass sie ohne Leuchter steht. Als Kerzen für alle GottesdienstteilnehmerInnen haben sich Opferkerzen bewährt, die in kleinen Glasschälchen angeboten werden; sie sind sicherer als die handelsüblichen Teelichter.
Zwischen den Gottesdiensten kann die Jesus-Kerze von Familie zu Familie weitergereicht werden und zum Abendgebet, zum Essen usw. angezündet werden. Es entsteht so eine Beziehung zwischen Gottesdienst und Alltag. Ferner können diese Familien mit Wachsplättchen ein Zeichen von sich auf die Kerze aufdrücken, sodass nach und nach immer mehr Menschen auf der Jesus-Kerze „versammelt" sind.

## Struktur der Gottesdienste

### 1. Zur (Ver-)Sammlung

- Bekanntes *Lied*, das möglichst viele immer wieder gerne singen.
- Der/die LeiterIn *begrüßt* die Anwesenden (und lädt ein, sich *gegenseitig zu begrüßen*).
- Wir stellen uns auf Jesus/Gott ein und begrüßen ihn mit *Kreuzzeichen* (und *Eröffnungsgebet*).

### 2. Das haben wir erlebt: Die Botschaft unseres Lebens

*Erfahrungen der TeilnehmerInnen* aus dem Umfeld der konkreten Gottesdienstthematik werden geweckt, z.B. durch Betrachtungen zu einem Gegenstand, geleitete Legearbeit, Körperarbeit, Phantasiereise, Gespräch.

### 3. Ein Erlebnis aus der Bibel neu erlebt: Die Botschaft der Bibel

- Die *Jesusgeschichte/biblische Botschaft* wird vergegenwärtigt und veranschaulicht, z.B. durch Erzählen, Gesten, Gespräch, Rufe, Lieder, Tanz, Legearbeit der Leiterin/des Leiters und der TeilnehmerInnen.

- Dazu wird die *(Jesus-)Kerze* angezündet.

**4. Gemeinsames Gebet**

- *Dankintentionen* einzelner TeilnehmerInnen mit *Dankruf* aller und/oder
- *Bittintentionen* einzelner TeilnehmerInnen mit *Bittruf* aller
- *Vaterunser.*

**5. Zur Verabschiedung**

- *Segensgebet* oder *Segenslied*
- *Verabschiedung* durch LeiterIn (und *Einladung* zum nächsten Gottesdienst)
- *Schlusslied* bzw. *Schlusstanz,* das/der möglichst vielen vertraut ist.

Die aufgezeigte „*Struktur*" gibt den roten Faden wieder, der den hier vorgelegten Gottesdiensten zugrunde liegt:

- *Gleichbleibende, vertraute Elemente zu Beginn* der gottesdienstlichen Versammlung (1. Teil) sind von zentraler Bedeutung, um es den GottesdienstteilnehmerInnen zu erleichtern, mit Leib und Seele anzukommen und sich zu (ver-)sammeln:
  - ein bekanntes Lied, das möglichst alle gerne singen, z.B. „Es läuten alle Glocken", Nr. 5, oder „Viele, viele Menschen haben sich versammelt", Nr. 19,
  - eine kurze Begrüßung durch den/die LeiterIn und die Einladung, dass sich alle wahrnehmen und begrüßen,
  - das Kreuzzeichen, das die Versammlung als Gottesdienst definiert.
- Im 2. und 3. Teil geht es darum, dass die GottesdienstteilnehmerInnen *Sinnbotschaften für sich entdecken, neu erleben und gemeinsam feiern.*

  Sinnbotschaften enthalten die Bücher der *Bibel*: Die in Geschichten und Bildern verdichteten Erfahrungen unserer Vorfahren im Glauben sollen so vermittelt werden, dass sie zu Erlebnissen, zu Sinnerfahrungen für die GottesdienstteilnehmerInnen heute werden.

  Aber auch das *Leben* der GottesdienstteilnehmerInnen selber enthält Sinnbotschaften; diesen Schatz gilt es zu „ent-decken" und für die Glaubenserfahrungen aller fruchtbar zu machen.

Von der Verstehbarkeit her ist es günstig, möglichst enge Bezüge herzustellen zwischen biblischen und heutigen Sinnerfahrungen.
Die Sinnbotschaft wird nicht nur durch Worte vermittelt, sondern ganzheitlich erlebbar gemacht durch Gesten, Rufe, Lieder und durch das Ansprechen innerer Bilder.
Vor allem im *Mittenbild* veranschaulicht der/die LeiterIn durch bunte Tücher, Perlen, Bausteine usw. die Sinnbotschaft.
Alle GottesdienstteilnehmerInnen können – bei leiser Musik im Hintergrund – ihre persönliche Sichtweise der Sinnbotschaft durch eine *Legearbeit* ausdrücken. Dabei braucht niemand seine Legearbeit zu deuten; und jeder muss wissen, dass sein Bild nicht analysiert wird.

- Zu einem Gottesdienst gehört das ausdrückliche *gemeinsame Dank- und/oder Bittgebet* (4.Teil). Hier nehmen die GottesdienstteilnehmerInnen ihr tagtägliches Leben ausdrücklich in den Gottesdienst hinein, „ihre Freude und Hoffnung, ihre Trauer und Angst". Schönes und Belastendes wird hörbar für die anwesenden Menschen, für den anwesenden Gott.
Die Form dieses Gebetes orientiert sich an den Fürbitten der Messfeier (vgl. Gotteslob = GL, Nr. 357):

  - Der/die LeiterIn lädt – ausgehend von der Thematik des Gottesdienstes – zum Gebet ein und bittet, Menschen oder Anliegen zu nennen, die Einzelnen am Herzen liegen[6].
  - Es folgt eine kurze Zeit der Stille zum persönlichen Gebet.
  - Das gemeinsame Beten wird ausgedrückt durch einen – möglichst gleich bleibenden – Fürbitt- bzw. Dankruf, siehe Nr. 13.
  - Als letzte Fürbitte formuliert der/die LeiterIn sinngemäß: Wir wollen beten für Menschen, die uns am Herzen liegen, auch wenn wir ihre Namen jetzt nicht laut sagen möchten!

Der/die LeiterIn formuliert abschließend ein Schlussgebet und/oder leitet über zum *Vaterunser*. Dazu stellen sich alle und fassen sich an den Händen.

6 Wenn Erwachsene beginnen und Menschen bzw. Anliegen nennen, für die sie beten möchten, dann gelingt nach einer kurzen Einübungsphase dieses persönliche Gebet; es ist dann nicht notwendig, vorher Fürbitten – an Kinder – zu verteilen.

- Das *Schlussritual* der gottesdienstlichen Versammlung (5. Teil) besteht aus folgenden Elementen:
  - ein im Namen aller gesprochenes Segensgebet, s. Gotteslob, Nr. 13, oder ein Segenslied, z.B. „Vater, segne diesen Tag“, Nr. 18,
  - Dank für das Mittun im Gottesdienst (und Einladung zum nächsten Gottesdienst),
  - Verabschiedung aller durch den/die LeiterIn,
  - ein vertrautes, von allen immer wieder gern gesungenes (Tanz-)Lied, z.B. „Freut euch alle, singt und spielt“, Nr. 6; Lobet und preiset, ihr Völker, den Herrn“ oder „Danke für diesen guten Morgen“.

**Legematerial und Tücher**

Wenn von Tüchern die Rede ist, sind verschiedenfarbige Baumwolltücher (80 × 80 cm) gemeint. „Legematerial“ meint unterschiedlich große Bausteine, Kugeln, Stäbchen, Ringe usw. aus Holz; ferner Perlen, Halbedelsteine und farbige Papierscheiben; Naturmaterialien wie Zapfen, Körner, Kerne, Steine.

Zum Aufbewahren und Darreichen haben sich Körbe mit kleineren Einsätzen bewährt.

Sofern die Materialien nicht selbst hergestellt, gesammelt oder vor Ort besorgt werden können, sei auf folgende Bestelladresse verwiesen: RPA-Verlag, Gaußstr. 8, 84030 Landshut, Tel. 0871/73237. Hier kann auch die Quartalszeitschrift „Religionspädagogische Praxis“ bezogen werden.

## Bevor Sie weiterlesen

Bei Ihrer Suche nach „Stoff“ und Ideen zu einem geplanten Kindergottesdienst – bitte legen Sie die hier abgedruckten Gottesdienstentwürfe für einen Moment zur Seite!
Notieren Sie sich vielmehr, was Ihnen zu dem anstehenden Thema selbst in den Sinn kommt, was Ihnen gefallen, was Sie ärgern würde, welche konkreten Ideen und Möglichkeiten Sie selber besitzen …

Vor allem: Lassen Sie – zusammen mit anderen – die ausgewählte Bibelstelle auf sich wirken!

Wir haben uns bei den Bibelgesprächen im Vorfeld der Gottesdienstvorbereitungen von folgenden Fragen leiten lassen:

1. Was tut mir an dieser Geschichte gut?
   Über welche Aussagen stolpere ich?
2. Was möchte ich von dieser (Jesus-)Geschichte meinen Kindern mitgeben?
3. Auf welche Weise können wir die (gute) Botschaft dieser Geschichte unseren Kindern nahe bringen?
   Wie können wir diese Botschaft gemeinsam feiern?

# I. ALTE GESCHICHTEN NEU ERLEBT

## 1. Die wundersame Errettung des Mose Mose im Binsenkörbchen (Ex 2)

### 1. Zur (Ver-)Sammlung

- Lied
- Begrüßung
- Kreuzzeichen

### 2. Mit einem Seil veranschaulicht

- *Ein* **Seil** *wird herumgereicht und zu einem Ring verknotet; alle stehen auf, fassen mit beiden Händen das Seil an, ziehen daran, lassen es kreisen …*
  Mit einem Seil kann man spielen, z.B. Seilspringen, Sachen zusammenbinden; mit einem Seil kann man Menschen schlagen, Menschen fesseln … *Das Seil wird als Ring in die Mitte gelegt; alle nehmen um es herum Platz.*
- Dieses Seil, mit dem man auch Menschen fesseln kann, soll uns heute an die **Israeliten** erinnern. *Alle wiederholen:* Israeliten. So heißt das Volk, zu dem auch Jesus gehörte. Das Volk der Israeliten lebte vor langer Zeit in dem Reich eines fremden Königs. Sie lebten dort wie Gefangene. *Alle halten die Hände so, als wären sie gefesselt.* Die Israeliten mussten hart arbeiten für den fremden König; von der schweren Arbeit bekamen sie krumme Rücken.
  *Alle fassen den Strick nochmals an und gehen gebückt eine Runde im Kreis.*
  Die Israeliten hatten nur ganz kleine Häuser, nur wenig Platz.
  *Alle stellen sich in die Mitte des Seilringes.*
- Der schlimmste Befehl des fremden Königs aber lautete: Alle kleinen Jungen, die bei den Israeliten geboren werden, müssen getötet und in den Fluss geworfen werden!
  *Mit blauen Tüchern wird in die Mitte ein Fluss gelegt. – Stille*

### 3. Mose wird gerettet

Einmal kommt bei den Israeliten wieder ein kleiner Junge zur Welt. Die Eltern nehmen ihr Kind auf den Arm. *Alle halten ihre Arme so, als würden sie ein Kind wiegen.* Sie sind stolz auf ihr Kind, auf ihren **Mose**. *Alle wiederholen diesen Namen.* Die Eltern freuen sich über ihr Kind. Aber sie haben auch Angst, Angst um den kleinen Mose; denn sie fürchten sich vor dem fremden König.

Da kommt ihnen eine Idee: Sie flechten ein Körbchen, machen es außen dicht gegen das Wasser und polstern es innen aus; so kann dieses Körbchen schwimmen wie ein kleines Boot. *Alle bilden mit ihren Händen ein kleines Boot. Der/die LeiterIn formt das Seil, das als Ring in der Mitte liegt, rund und legt es in Form eines Körbchens auf das blaue Tuch. In dieses Körbchen wird ein weiches Tuch gelegt.*

Die Eltern legen ihren kleinen Mose in dieses Körbchen. *Pantomimisch legen alle „ihr Kind" in das Körbchen.*

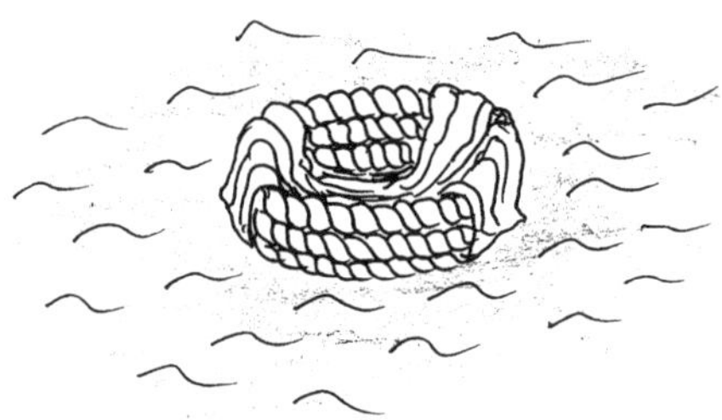

Der kleine Mose hatte eine große Schwester; sie hieß **Mirjam**. *Alle wiederholen.* Mirjam wollte sehen, was mit ihrem Brüderchen geschehen würde; deshalb versteckte sie sich am Ufer des Flusses. Sie sieht, wie das Körbchen mit ihrem Brüderchen auf dem Wasser schwimmt. *Alle formen ihre Hände nochmals zu einem kleinen Boot, das auf dem Wasser schwimmt.*

Da kommt die Tochter des Königs zum Fluss. Sie entdeckt das Körbchen und lässt es herbeischaffen. Als sie das weinende Kind sieht, empfindet sie Mitleid mit dem Kleinen. Da stürmt Mirjam aus dem Versteck herbei. *Alle laufen auf ihren Plätzen.* Mirjam fragt: „Soll ich eine Mutter holen, die das Kind stillen kann?" „Ja, geh!" Mirjam geht und holt ihre Mutter. Überglücklich nimmt die Mutter ihr Kind und wiegt es in ihren Armen. *Alle tun dies.*

LIED: Halleluja-Tanz, s. Nr. 10

- Als Mose ein erwachsener Mann geworden war, hat er im Auftrag Gottes das Volk der Israeliten aus der Gefangenschaft befreit und in das Gelobte Land geführt. (Wir werden noch mehr von ihm erfahren.) Mit der Errettung des Mose aus dem Wasser hat die Errettung der Israeliten angefangen. Die Menschen spürten: Gott meint es gut mit uns; er befreit uns. Gott führt uns aus Dunkelheit und Angst in ein schönes helles Land.

*Die Kerze wird angezündet, im Kreis herumgetragen und zum Körbchen gestellt.*

*Mit* **Legematerial** *legt jeder vor seinem Platz ein Körbchen.*

LIED: Halleluja-Tanz, s. Nr. 10

## 4. Gemeinsames Gebet

- Dank- und Fürbittgebet
- Vaterunser

## 5. Zur Verabschiedung

- Segensgebet/Segenslied
- Verabschiedung
- Schlusslied

**Materialien:**
Seil, mehrere blaue Tücher, kleines weiches Tuch, Legematerial, insbesondere Wollfäden, Stoffstreifen usw., Jesus-Kerze.

# 2. Zieh deine Schuhe aus, Mose! Die Offenbarung Gottes am Dornbusch (Ex 3)

## 1. Zur (Ver-)Sammlung

- Lied
- Begrüßung
  *Ein* **Strick** *wird herumgereicht und zu einem Ring verknotet; alle lassen den Ring kreisen, schauen sich an und begrüßen sich; der Ring wird in die Mitte gelegt.*
- Kreuzzeichen

## 2. Mit Mose in der Wüste

- *Gelbe Tücher werden wellig in die Mitte gelegt; der darum liegende Strickring bleibt liegen.* Die gelben Tücher können uns erinnern an … Sonne, Sonnenblume, **Wüste**.
  In vielen Wüsten gibt es nur Sand. *Eine Schale mit Sand wird auf die Tücher gestellt.*
  *Einige dürfen den Sand zwischen den Fingern zerrinnen lassen.*
- In der Wüste lebte ein Mann; der hieß **Mose**. (Wir haben schon von seiner Geburt und von seiner wundersamen Errettung gehört …)
  Mose gehört zu dem Volk der Israeliten; das ist das Volk, zu dem auch Jesus gehört.
  Das Volk der Israeliten lebte vor langer Zeit in dem Reich eines fremden Königs. Dort ging es den Israeliten nicht gut: Sie mussten hart arbeiten für ihn. Von der schweren Arbeit bekamen sie krumme Rücken. *Alle nehmen den Strick in die Hand und gehen gebückt eine Runde im Kreis.*
- Mose war zornig darüber, dass sein Volk so gequält wurde, und er wollte gegen den fremden König kämpfen. Aber Mose hatte auch Angst, Angst vor dem mächtigen Mann; deshalb war er in die Wüste geflüchtet und hütete dort die Schafe.
  *Ein Stock wird in die Mitte gelegt.*

## 3. Mose, zieh deine Schuhe aus!

- Einmal entdeckte Mose an einem Berg in der Wüste etwas Seltsames. *Alle schauen.*

*Ein siebenarmiger Leuchter (ohne Kerzen) wird in die Mitte der gelben Tücher gestellt.*
Mose kann nicht erkennen, was das ist. Vorsichtig geht er etwas näher. *Alle gehen behutsam auf ihren Plätzen.* „Ah, es ist ein **Dornbusch**!", sagt Mose.
*Dornenzweige werden vorsichtig um den Leuchter gelegt.*
Mose entdeckt noch mehr: Der Dornbusch brennt, Flammen schlagen aus den Dornen, aber – wie komisch – die Dornen verbrennen nicht.
*Brennende Kerzen werden auf den Leuchter gestellt.*
Seltsam, denkt Mose, ich will mir diesen brennenden Dornbusch näher anschauen. Und er geht näher heran. *Alle gehen ganz leise auf ihren Plätzen.*
Da hört er eine Stimme: „Mose!" *Alle wiederholen.*
Erschrocken bleibt Mose stehen. – *Stille* – Mose spürt: Dies ist die Stimme Gottes.
Und Gott sagt: „Komm nicht näher, Mose! Der Boden hier ist heiliges Land. Zieh deshalb deine Schuhe aus!" *Alle ziehen ihre Schuhe aus.*
Mose hält sich die Hände vor die Augen. *Alle tun dies.* Er denkt: Gott ist so groß, niemand kann Gott anschauen.

Und Gott sagt: „Ich sehe, wie die Israeliten klein gemacht werden. Das ist nicht richtig! Ich höre, wie die Menschen um Hilfe schreien. Deshalb werde ich euch befreien. Deshalb werde ich

euch ein schönes Land schenken. Auf dem Weg in dieses schöne Land werde ich euch begleiten!"
LIED: Gottes Kraft geht alle Wege mit, s. Nr. 7

- Und Gott sagt weiter zu Mose: „Du sollst die Menschen in das schöne neue Land führen!"
Mose ist erschrocken: „Das kann ich doch nicht!"
Da sagt Gott: „Ich gehe mit dir; Gottes Kraft geht alle Wege mit!"
LIED: Gottes Kraft geht alle Wege mit, s. Nr. 7
Aber Mose hat immer noch Angst. Deshalb fragt er: „Wie heißt du eigentlich?"
Gott sagt: „Ich bin Jahwe." *Alle wiederholen.* „Ich heiße so, weil ich immer da bin und immer bei euch bleiben werde."
LIED: Gottes Kraft geht alle Wege mit, s. Nr. 7
- Da nimmt Mose seinen Hirtenstab in die Hand. *Einer nimmt den Stab in die Hand.* Und Mose richtet sich auf. *Alle stellen sich.* Und Mose sagt: „Gott will, dass wir uns aufrichten und groß sind! Gott will keine geduckten Menschen. Der Strick passt nicht zu Gott; der Strick passt nicht zu den Menschen." *Der Strick, der als Ring in der Mitte lag, wird entfernt.* „Deswegen wird Gott uns aus der Gefangenschaft des bösen Königs befreien. Gott wird uns in ein schönes Land führen."
*Alle gehen aufrecht eine Runde im Kreis;* dabei
LIED: Gottes Kraft geht alle Wege mit, s. Nr. 7
*Es werden Gruppen von 3–4 Personen gebildet; diese erhalten Licht vom siebenarmigen Leuchter und gestalten mit* **Legematerial** *vor ihrem Platz einen brennenden Dornbusch.*

## 4. Gemeinsames Gebet

- Dank- und Fürbittgebet
RUF: Gottes Kraft geht alle Wege mit, s. Nr. 7
- Vaterunser

## 5. Zur Verabschiedung

- Segensgebet/Segenslied
- Verabschiedung
- Schlusslied

**Materialien:**
Strick, mehrere gelbe Tücher, Schale mit Sand, siebenarmiger Leuchter (Menorah) mit Kerzen (falls nicht vorhanden, kann auch ein beliebiger mehrarmiger Leuchter verwendet werden). Dornenzweige, Hirtenstab, Opferkerzen, Legematerial.

## 3. Mit Mose ins Gelobte Land Vom Exodus der Israeliten (Ex 4ff)

### 1. Zur (Ver-)Sammlung

- Lied
- Begrüßung
- Kreuzzeichen

### 2. Aus dem geschlossenen Kreis wird ein neuer Weg

- *Ein* **Strick** *wird herumgereicht und zu einem Ring verknotet; alle stehen auf, fassen mit beiden Händen das Seil an, ziehen daran, lassen es kreisen …*
  Mit einem Seil kann man spielen, z.B. Seilspringen; mit einem Seil kann man … Sachen zusammenbinden; mit einem Seil kann man Menschen fesseln. *Das Seil wird als Ring in die Mitte gelegt; alle nehmen um es herum Platz.*
- Dieses Seil, mit dem man auch Menschen fesseln kann, soll uns heute (nochmals) an die **Israeliten** erinnern, an das Volk, zu dem auch Jesus gehörte. (Es wird erinnert an Gottesdienst Nr. 1.) Das Volk der Israeliten lebte vor langer Zeit in dem Reich eines fremden Königs. Die Israeliten mussten hart arbeiten für diesen fremden König; von der schweren Arbeit bekamen sie krumme Rücken. *Alle fassen den Strick an und gehen gebückt eine Runde im Kreis.*
- Gott aber hat dem **Mose** am Dornbusch versprochen: Ich will euch befreien! Ich führe euch in ein neues schönes Land (vgl. Gottesdienst Nr. 2).
  Und die Menschen bekommen Mut; sie richten sich auf. *Alle*

*stellen sich.* Sie sagen: „Wir wollen nicht mehr mit gebeugtem Rücken im Kreis herumlaufen! Wir wollen weg, weg in das Land, das Gott uns versprochen hat!" *Das Seil wird aufgeknotet und als Weg in die Mitte gelegt. Alle gehen aufrecht eine Runde im Kreis;* dabei

LIED: Gottes Kraft geht alle Wege mit, s. Nr. 7

**3. Auf diesem neuen Weg geht Gott mit**

- Und Mose geht zum fremden König und sagt: „So spricht Jahwe, unser Gott. Lass uns frei!" Der König aber macht nur eine abweisende Bewegung mit der Hand. *Alle tun dies.*
„Lass uns frei!", sagt Mose nochmals. *Alle wiederholen*
Doch der König bleibt hart: „Euren Gott? – Den kenne ich gar nicht! – Nein – ihr bleibt hier und arbeitet für mich!"
*Zwei schwarze Tücher werden quer auf den Anfang des Weges gelegt.*
Und die Israeliten beten zu Gott und rufen:
RUF: Herr, erhebe dich, hilf uns und mach uns frei!, Gotteslob (GL), Nr. 525,5 (V/A)
Und Gott erhört die Israeliten. *Eine Kerze wird angezündet, im Kreis herumgetragen und vor die beiden schwarzen Tücher gestellt.* Der König muss nachgeben. *Die schwarzen Tücher werden auseinander gezogen, sodass der Weg frei wird; die Kerze wird zwischen die beiden Tücher auf den Weg gestellt.*
Und die Israeliten freuen sich; sie freuen sich, dass Gott bei ihnen ist und mit ihnen geht.
LIED: Gottes Kraft geht alle Wege mit, s. Nr. 7
- Doch der Weg wird schwierig; ein großes **Wasser** versperrt ihnen den Weg.
*Zwei blaue Tücher werden vor die Kerze quer auf den Weg gelegt.*
Die Israeliten rufen:
RUF: Herr, erhebe dich, hilf uns und mach uns frei!, GL, Nr. 525,5
Und Gott denkt an sein Volk. Er macht ihnen den Weg frei; und sie können durch das Meer hindurchgehen. *Die zwei blauen Tücher werden auseinander gezogen, sodass der Weg frei wird; dorthin wird die Kerze gestellt.*
LIED: Gottes Kraft geht alle Wege mit, s. Nr. 7

Die Israeliten ziehen weiter. *Alle gehen auf ihren Plätzen.*
Der Weg geht durch **Wüste**; der Weg wird schwer. *Steine und Dornenzweige werden auf den Weg gelegt.* Auf dem Weg durch die Wüste gibt es wenig zu essen und wenig zu trinken. Die Menschen haben Hunger und Durst. Und sie schimpfen mit Gott.
Mose aber betet zu Gott:
RUF: Herr, erhebe dich, hilf uns und mach uns frei!, GL, Nr. 525,5
Wieder hält Gott sein Versprechen: In der Nacht regnet es.
*Die Anwesenden werden eingeladen, die Augen zu schließen und die Hände zu einer Schale zu formen. Erwachsene tauchen ihre Hände in ein Glas mit* **Wasser** *und lassen einige Tropfen in die offenen Hände fallen.* Die Israeliten freuen sich und singen:
LIED: Gottes Kraft geht alle Wege mit, s. Nr. 7
Und als sie einmal nichts zu essen haben, gibt es **Brot** vom Himmel. *Ein Brot wird im Kreis gezeigt und dann zur Kerze auf den Weg gestellt.*
LIED: Gottes Kraft geht alle Wege mit, s. Nr. 7

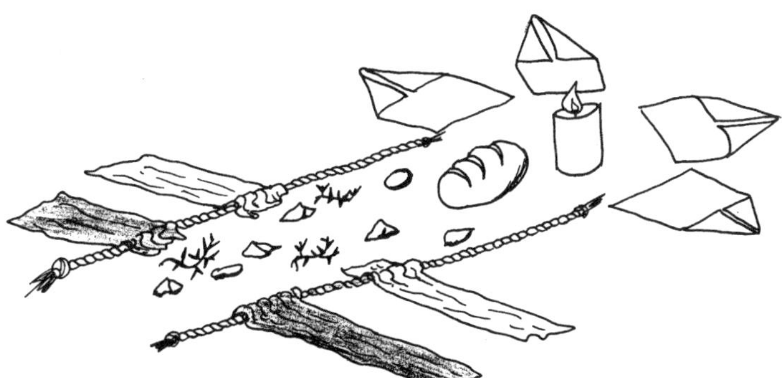

So begleitet Gott die Menschen durch lange, lange Zeit, bis sie schließlich in dem versprochenen Land ankommen. Dort können die Israeliten nun Häuser bauen.
*Am Ende des Weges werden aus (doppelt gefalteten) Tüchern mehrere Häuser gelegt. Dazwischen wird die Kerze gestellt.* Die Menschen spüren: Gott bleibt bei uns.
LIED: Freut euch alle, singt und spielt, s. Nr. 6

*Es werden Gruppen gebildet entsprechend der Zahl der Häuser, die „Hausbewohner" schmücken mit* **Legematerial** *ihr Haus. Alternative: Jeder legt mit Legematerial vor seinem Platz ein Haus.*

**4. Gemeinsames Gebet**
- Dank- und Fürbittgebet
  RUF: Herr, erhebe dich, hilf uns und mach uns frei!, GL, Nr. 525,5
- Vaterunser
  *Das Brot wird geteilt, verteilt und gemeinsam gegessen.*

**5. Zur Verabschiedung**
- Segensgebet/Segenslied
- Verabschiedung
- Schlusslied

**Materialien:**
Seil, zwei schwarze und zwei blaue Tücher, mehrere verschiedenfarbige Tücher, Jesus-Kerze, Dornenzweige, kleine Steine, mehrere Gläser mit Wasser, Brot (bzw. Trockenkuchen, den die TeilnehmerInnen mögen), Legematerial.

## 4. Daran erinnert uns der Regenbogen Gott verbündet sich mit den Menschen (Gen 6–9)

*Alle haben ihr Kuscheltier im Arm; die bunten Tücher liegen zunächst noch unter den Stühlen; einige haben z.B. Regenrohr oder Rassel.*

**1. Zur (Ver-)Sammlung**
- Lied
- Begrüßung – auch der Kuscheltiere
- Kreuzzeichen

**2. Bei Dunkelheit suche ich Schutz und Geborgenheit**

Ihr habt eure Kuscheltiere gern; eure Kuscheltiere haben Namen; ihr spielt mit euren Puppen und Kuscheltieren … *Die Kinder können erzählen.* Ganz besonders wichtig sind die Kuscheltiere für euch … am Abend, … wenn ihr allein seid, … wenn es dunkel ist. *Einige schwarze Tücher werden in die Mitte gelegt (Zentrum bleibt frei für Haus bzw. Arche).* Dann ist es gut, Kuscheltiere zu haben; die kann man drücken …

Wenn es dunkel ist, wünscht ihr auch eure Mama und euren Papa herbei; sie sollen euch auf den Schoß nehmen und euch festhalten.

*Der Reihe nach fasst einer den anderen an der Hand. LeiterIn beginnt.*

Wenn es dunkel ist, brauchen wir ein **Haus**, in dem es hell, warm und gemütlich ist.

*Alle stellen mit ihren Armen ein Haus dar. Danach wird in der Mitte ein gelbes Tuch zu einem Haus gefaltet.*

**3. Gott gibt der Familie des Noah Schutz in der Arche**

Einmal kümmerten sich die Menschen nicht mehr um Gott. Fast alles, was sie dachten und taten, war böse. Darüber war Gott sehr traurig.

Nur eine Familie lebte noch so, wie Gott es wollte. Es war die Familie des **Noah**. *Alle wiederholen: Noah.*

Und so sagte Gott zu der Familie Noah: „Bald wird eine große Flut über die ganze Erde hereinbrechen, ein ganz starker Regen.“ *Blaue Tücher werden wellig zwischen die schwarzen gelegt.* „Aber“, so sagte Gott weiter zu Noah, „du, deine Frau und deine Kinder sollen gerettet werden. Baut euch deswegen ein Schiff, eine **Arche** aus Holz, mit drei Stockwerken und einem Dach. Dann werdet ihr gerettet!“

Noah glaubte Gott; deswegen baute er die Arche.

*In der Mitte wird mit zwei weiteren Tüchern und dem Haus eine Arche gelegt.*

Und Gott sagte nochmals: „Ich will euch schützen; euch soll nichts Schlimmes passieren. Und nehmt auch von allen Tieren ein Männchen und ein Weibchen mit in die Arche hinein; denn ich will, dass das Leben erhalten bleibt. Und denkt an das Futter für die Tiere und das Essen für die Familie!“

Noah vertraute auf Gott; er sagte: Gott steht auf unserer Seite. Gott geht alle Wege mit uns mit.
*Eine große Kerze wird angezündet, im Kreis herumgetragen und dann in die Arche gestellt.*

Und Noah führt die Tiere in die Arche, von jeder Art ein Männchen und ein Weibchen.
*Die Kinder werden eingeladen, nacheinander ihre Kuscheltiere in die Arche zu legen.*
Dann gehen auch Noah, seine Frau und seine Kinder in die Arche hinein. *Alle gehen auf ihren Plätzen.* Als alle in der Arche sind, schließt Gott hinter ihnen die Tür zu. *Alle tun dies pantomimisch.*
Dann fängt es an zu regnen, ganz stark. *Mit Gesten, Regenrohr oder Musikinstrumenten wird der* **Regen** *dargestellt.* Die Arche hebt vom Boden ab; aber sie schwimmt wie ein Boot sicher auf dem Wasser. *Mit beiden Händen wird ein Boot dargestellt.*
Die Menschen in der Arche freuen sich, im Trockenen zu sein. Sie merken: Gott hat uns nicht vergessen, Gott liebt uns.
LIED: Gottes Liebe ist so wunderbar, Nr. 8

Nach vierzig Tagen hört es auf zu regnen. Das Wasser beginnt zu fallen. Noah öffnet ein Fensterchen im Dach. *Alle tun dies pantomimisch.* Dann lässt er eine **Taube** ins Freie fliegen. *Vogelgezwitscher.* Nach einiger Zeit kommt die Taube zurück; in ihrem Schnabel trägt sie einen grünen Zweig. *Ein grüner Zweig wird in der Runde gezeigt und dann zur Arche gelegt.*

Jetzt wissen alle: Es ist wieder grün auf der Erde. Die Flut ist vorbei. Und sie öffnen die Tür und gehen hinaus. *Alle tun dies pantomimisch.* Jetzt haben sie wieder festen Boden unter den Füßen. Voller Freude singen sie:
LIED: Du hat uns deine Welt geschenkt, s. Nr. 3. *Alternativen:* Weil der Himmel nicht mehr weint, z.B. in „Liederbuch zum Umhängen", Nr. 76; Ein bunter Regenbogen, z.B. in „Liederbuch zum Umhängen", Nr. 18

- Da passiert noch etwas ganz Wunderbares:
Die schwarzen Wolken ziehen weg. Die Sonne kommt hinter den Wolken hervor und macht alles ganz hell. Am Himmel wölbt sich ein großer **Regenbogen**: Von einem Ende der Erde bis ganz hoch in den Himmel und wieder zurück auf die Erde. *Alle stellen mit ihren Armen einen Regenbogen dar. Dann nehmen sie ihr buntes Tuch in die Hand und stellen so nochmals einen Regenbogen dar.* Dabei
LIED: Du hat uns deine Welt geschenkt, s. Nr. 3
*Dann werden die bunten Tücher zu einem gemeinsamen Regenbogen um die Arche gelegt.*
- Dann versammelt Gott die Familie des Noah um sich und sagt: „Ich muss euch etwas Wichtiges sagen!" *Alle stehen auf und fassen sich an den Händen.*
Gott sagt: „Ihr seht den Regenbogen: Der Regenbogen verbindet die Erde mit dem Himmel. Wie der Regenbogen die Erde mit dem Himmel verbindet, so will ich, euer Gott, mich mit euch verbinden, mit euch und mit allen Menschen und Tieren. Ich verspreche euch: Niemals mehr wird eine große Flut das Leben auf der Erde vernichten!"
Und Gott sagt weiter: „Der Regenbogen ist das Zeichen für mein Versprechen: Immer, wenn ihr den Regenbogen seht, sollt ihr daran denken: Unser Gott schützt uns wie unter einem großen Zelt!"
LIED: Du hat uns deine Welt geschenkt, s. Nr. 3
*Jeder legt mit* **Legematerial** *auf den Regenbogen ein Zeichen für sich.*

**4. Gemeinsames Gebet**
- Dank- und Fürbittgebet
- Vaterunser

**5. Zur Verabschiedung**
- Segensgebet/Segenslied
- Verabschiedung
- Schlusslied

**Materialien:**
Mehrere schwarze und blaue Tücher, drei gelbe Tücher; für alle ein buntes Tuch oder einen bunten Stoffstreifen, Jesus-Kerze, grüner Zweig, Regenrohr bzw. Musikinstrumente zum Darstellen des Regens, Legematerial.
Die Kinder sind eingeladen, ihr Kuscheltier mitzubringen.

## 5. Jona – ein kleiner Prophet und der große Gott Gottesdienst zum Jonabuch

**1. Zur (Ver-)Sammlung**
- Lied
- Begrüßung
- Kreuzzeichen

**2. Von der Stadt Ninive**
- *In die Mitte wird ein Rhythmikreifen gelegt; alle erhalten nacheinander einen Holzbaustein und bauen um den Reifen herum eine Stadtmauer.*
  *Um diese bilden dann alle einen engen Kreis, legen einander die Hände auf die Schultern und stellen so mit ihren Körpern die Stadtmauer dar.* Unsere Stadt heißt **Ninive**. *Alle wiederholen:* Ninive.
  Die Stadt Ninive liegt am Wasser.
  *Blaue Tücher werden gewellt an eine Seite der Stadtmauer gelegt.*
- Die Menschen in der Stadt Ninive sind böse: Sie vergessen die armen Leute; die Kinder schlagen und verletzen einander; die

Erwachsenen kümmern sich nicht um die alten Menschen; die Leute quälen Tiere ...
*Für einzelne Untaten werden Dornenzweige in die Stadt gelegt.*

**3. Die Rettung der Stadt Ninive – für Jona ein großes Problem**

In einer anderen Stadt wohnt **Jona**. Diesen Jona ruft Gott: „Jona!" *Alle:* „Jona!"
Gott sagt zu Jona: „Geh nach Ninive! Geh zu den bösen Menschen in Ninive! Erzähle ihnen von Gott! Ermahne sie!"
Aber – Jona will das nicht, er will den Leuten von Ninive nichts von Gott erzählen; deshalb fährt er nicht nach Ninive. Stattdessen steigt er in ein Schiff und reist ab; weit weg will Jona, weit weg von Gott; er rudert hastig. *Alle machen heftige Ruderbewegungen.*
Auf dem Meer aber entsteht ein starker Sturm; *entsprechende Gesten, Pfeifen.* Das Schiff droht unterzugehen.
„Einer muss schuld sein!", sagen die Seeleute. „Wer ist es?" – Da erzählt Jona schließlich, dass er auf der Flucht vor Gott ist. Die Seeleute sind ratlos; schließlich nehmen sie den Jona und werfen ihn aus dem Schiff hinaus in das tosende Wasser. – *Stille.*

Aber – Gott sei Dank – es kommt ein großer Fisch; der öffnet seinen Mund.
*Alle öffnen ihre Arme wie zum Empfang.* Und der große Fisch nimmt Jona in seinen Bauch auf; so ist Jona in Sicherheit.
*Ein gelbes Tuch wird in Form eines Fisches auf die blauen Tücher gelegt.*
*Alle erhalten einen Wollfaden und können nacheinander auf dem gelben Tuch ein „Nest" für Jona legen.* Im Bauch des Fisches fühlt Jona sich wohl; Jona ist gerettet.
Und Jona erkennt: Gott hat mir den Fisch geschickt, um mich zu retten. Gott meint es gut mit mir. Gott hat mich (dennoch) gern.
*Die Kerze wird angezündet, im Kreis herumgetragen und dann zum Nest gestellt.*
LIED: Gottes Liebe ist so wunderbar, s. Nr. 8
Nach drei Tagen schwimmt der Fisch ans Ufer; Jona verlässt den Bauch des Fisches; Jona ist wieder an Land.
Und zum zweiten Mal ruft Gott den Jona. *Alle rufen:* „Jona! Jona!"

Gott sagt zu Jona: „Geh nach Ninive, erzähl den Leuten dort von Gott!"
Ohne Lust geht Jona schließlich doch ganz langsam nach Ninive.
*Alle machen entsprechende Gehbewegungen.*
Jona geht erst gar nicht bis mitten in die Stadt hinein; direkt am Anfang stellt er sich hin und schreit die Menschen an: „Ihr seid böse! Eure Stadt soll zerstört werden!"
Und er droht, und er schreit – und er geht wieder weg. – *Stille.*

Als aber die Menschen in Ninive das hören, erschrecken sie. Und sie sagen: Jawohl, vieles ist bei uns nicht gut. Vieles ist böse! Wir wollen das ändern! Wir wollen bessere Menschen werden. Und sie schaffen Böses weg aus ihrem Leben.
*Nacheinander werden die Dornenzweige aus der Stadt entfernt.*
Die Menschen gehen freundlicher miteinander um; und sie spüren: Gott meint es gut mit uns. Gott hat auch uns gern.
LIED: Gottes Liebe ist so wunderbar, s. Nr. 8

Doch Jona sitzt auf der anderen Seite der Stadt; er ist schadenfroh; er hofft, dass Gott die Stadt Ninive endlich zerstören wird; das will er sich anschauen.
Aber die Menschen in Ninive bessern sich; die Menschen können wieder lachen; es wird heller und freundlicher in ihrer Stadt. *Einige Opferlichter werden an der Kerze angezündet und in die Stadt gestellt.*
Wütend schaut Jona auf die Stadt. Er kann nicht verstehen, dass Gott die Menschen in Ninive nicht bestraft. Jona ist darüber so böse, dass er nicht mehr leben will. So legt er sich hin, um zu sterben.
Wie er so daliegt, brennt ihm die Sonne fürchterlich auf seinen Kopf. *Mit den Fingern wird das Flimmern der Sonne dargestellt.*
Das bemerkt Gott, und er lässt einen Baum wachsen, sodass Jona im Schatten liegt.
*Auf die andere Seite der Stadt – gegenüber von Meer und Fisch – wird mit einem braunen und einem grünen Tuch ein Baum gelegt.*
Jona spürt, wie der Schatten ihm gut tut. Darüber freut er sich.
*Die Kinder (bilden Zweiergruppen und) zeigen mit ihren Händen, wie der Baum dem Jona erholsamen Schatten spendet.*
Da sagt Gott zu Jona: „Jona, du freust dich über diesen Baum

und über den Schatten. Auch ich will, dass es dir gut geht; deswegen habe ich den Baum wachsen lassen."
*Die Kerze, die auf dem Fisch steht, wird zu dem Baum gestellt.*
Und Gott sagt weiter zu Jona: „Aber schau doch: In der Stadt Ninive leben 120 000 Menschen: Kinder, große Leute, alte Menschen; in Ninive leben viele, viele Tiere. Die wollen auch alle leben. Und alle diese Menschen und Tiere sind mir doch auch ans Herz gewachsen. Alle diese Menschen und Tiere habe ich gern! Deswegen kann ich die Stadt Ninive nicht so einfach zerstören! Ich liebe alle Menschen auf der ganzen Welt!"
LIED: Gottes Liebe ist so wunderbar, s. Nr. 8

**4. Gemeinsames Gebet**
- Dank- und Fürbittgebet
- Vaterunser

**5. Zur Verabschiedung**
- Segensgebet/Segenslied
- Verabschiedung
- Schlusslied

**Materialien:**
Rhythmikreifen; ca. drei blaue, ein grünes, ein braunes und ein gelbes Tuch, Dornenzweige; Holzbausteine, Wollfäden; Jesus-Kerze, Opferlichter.

## 6. Wie ein Baum
## Ein Baum „erzählt" von Gott (Jer 17,7–8)

*In der Mitte (aus Seilen oder auf einem großen Papier) die Umrisse eines Baumes*

**1. Zur (Ver-)Sammlung**
- Lied
- Begrüßung
- Kreuzzeichen

**2. Wir betrachten einen Baum**
- Lasst uns das Bild in der Mitte fertig gestalten:
  Ein Baum hat einen **Stamm**: *mit Rindenteilen wird der Stamm gestaltet.*
  Ein Baum hat **Äste, Zweige und Blätter**: *mit „grünen Blättern" wird die Krone gestaltet.*

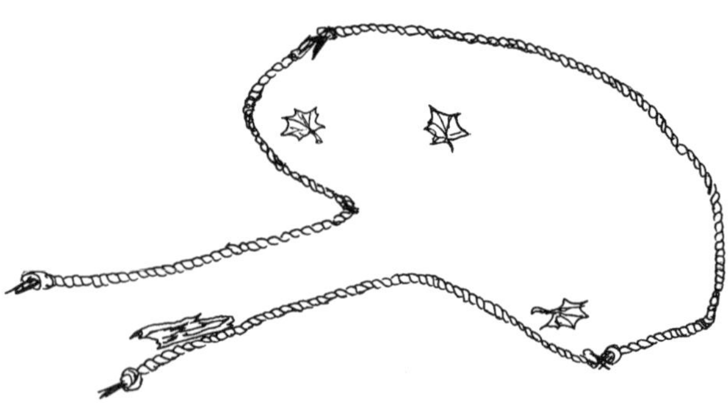

Ein Baum hat **Wurzeln**: *mit Fäden werden die Wurzeln gelegt.*
Die Wurzeln des Baumes aber hängen nicht in der Luft, sondern … dringen tief in die **Erde** ein. *Zu den Wurzeln werden braune Tücher gelegt.*
Jetzt sehen wir: Die Erde trägt den Baum und gibt ihm Stand und Halt.
Die Erde trägt auch mich; die Erde trägt Bäume und Tiere und Menschen.
RUF: Erde, gute Erde, du trägst uns alle, Bäume, Tiere, Menschen, alle trägst du sie (V/A), s. Nr. 4

- Die Wurzeln geben dem Baum einen sicheren Stand. Mir geben meine Füße und Beine einen sicheren Stand. Lasst uns aufstehen und dies erspüren: *Alle tun dies.*
Meine Füße und Beine tragen meinen Oberkörper, meine Arme, meinen Kopf.
Meine Füße und Beine tragen mich. Ich kann aufrecht gehen, ich kann mich aufrichten.
Ich kann mit den Armen eine Krone darstellen. *Alle tun dies.*
Mit meinem Körper kann ich einen Baum darstellen mit Wurzeln, Stamm und Krone. Ich kann die **Sonne** auf mich scheinen lassen, und das tut mir gut.
*Alle lassen zunächst die Sonne auf sich, dann auf ihren Nachbarn scheinen.*
*Über dem Baum in der Mitte wird ein gelbes Tuch als Sonne rund gefaltet.*
RUF: Sonne, gute Sonne, du wärmst uns alle. Bäume, Tiere, Menschen, alle wärmest du (V/A) (Melodie: s. Nr. 4)

- Die Wurzeln geben dem Baum Sicherheit und Halt.
Aber die Wurzeln sind noch aus einem weiteren Grund wichtig für den Baum:
… sie saugen **Wasser** (und Nährstoffe) auf und führen dies dem Baum zu. Denn der Baum braucht Wasser zum Leben.
*Blaue Tücher werden als kleiner Bach zum Baum gelegt.*
RUF: Wasser, gutes Wasser, du tränkst uns alle. Bäume, Tiere, Menschen, alle tränkest du (V/A) (Melodie: s. Nr. 4)

- Wenn ein Baum noch klein ist, braucht er **Schutz**, damit der Sturm ihn nicht umknickt. *Ein Stock wird zum Baum gelegt.*
Der Baum kann sich anlehnen, er kann sich stützen.

*Nacheinander legen alle ihrem rechten Nachbarn die Hand auf die Schulter; der/die LeiterIn beginnt.*
Manchmal brauch auch ich Schutz und Stütze.
RUF: Schutz, starke Arme brauchen wir alle, Pflanzen, Tiere, Menschen, alle brauchen Schutz (V/A) (Melodie: s. Nr. 4)

**3. Der Baum erzählt uns etwas von Gott**

- Ich will euch jetzt eine Geschichte vorlesen, die in der Bibel steht.
Die Bibel erzählt von den Erfahrungen, die Menschen mit Gott gemacht haben.
Darum zünden wir zunächst eine Kerze an.
*Die Kerze wird im Kreis herumgetragen und dann in die Sonne gestellt.*
Lesung aus dem Buch des Propheten Jeremia:
Gesegnet ist der Mensch, der sich auf Gott verlässt.
Gesegnet ist der Mensch, der seine Hoffnung auf Gott setzt.
Ein solcher Mensch gleicht einem Baum, einem Baum, der an einem Wasser gepflanzt ist.
Er kann seine Wurzeln zum Bach hin ausbreiten.
So braucht er keine Angst zu haben, wenn es heiß wird: Seine Blätter bleiben auch dann noch grün.
Und er braucht keine Angst zu haben vor dürren Jahren: Auch dann bringt er saftige Früchte.
RUF: Gott, guter Vater, du trägst uns alle, Vater, Mutter, Kinder, alle trägst du stets (V/A) (Melodie: s. Nr. 4). *Alternative:* Wer sich auf Gott verlässt, z.B. in „Liederbuch zum Umhängen", Nr. 93
- *Alle gestalten mit* **Legematerial** *vor ihrem Platz einen Baum.*
RUF: Gott, guter Vater, du trägst uns alle, Vater, Mutter, Kinder, alle trägst du stets (V/A) (Melodie: s. Nr. 4)

**4. Gemeinsames Gebet**

- Wer auf Gott vertraut, hat einen sicheren Platz.
RUF: Auf, ihr Menschen, danket dem Herrn!, s. Nr. 13
Wer auf Gott vertraut, wohnt an einer guten Quelle.
RUF: Auf, ihr Menschen, danket dem Herrn!
Wer auf Gott vertraut, hat immer genug.

RUF: Auf, ihr Menschen, danket dem Herrn!
Wer auf Gott vertraut, wird gewärmt und geschützt.
RUF: Auf, ihr Menschen, danket dem Herrn!
Wer auf Gott vertraut, wird groß und stark.
RUF: Auf, ihr Menschen, danket dem Herrn!
Wer auf Gott vertraut, bringt reiche Frucht.
RUF: Auf, ihr Menschen, danket dem Herrn!
*Zu jedem Gebetsruf wird eine „Frucht" in die Baumkrone gelegt.*

- Vaterunser

**5. Zur Verabschiedung**

- Segensgebet: *Es werden Zweiergruppen gebildet; einer legt dem andern die Hände auf die Schultern; dabei spricht der/die LeiterIn:*
  Der gute Gott soll für dich sein wie eine wärmende Sonne,
  wie ein sicherer und fruchtbarer Boden.
  Der gute Gott soll für dich sein wie eine erfrischende Quelle!
  Der gute Gott gebe dir Halt und Sicherheit, wenn du Angst hast!
  Der gute Gott soll dich segnen, Gott, der Vater, der Sohn und der Heilige Geist. Amen.
  *Wechsel innerhalb der Zweiergruppe und nochmaliges Sprechen des Gebetes.*
- Verabschiedung
- Schlusslied

**Materialien:**
Großes Papier mit den Umrissen eines großen Baumes (oder Umrisse eines Baumes aus Kordel), Wollfäden, grüne Scheiben (als Blätter), rote Scheiben (als Früchte), Rindenteile, ein gelbes, drei braune und drei blaue Tücher, Jesus-Kerze, Stock, Legematerial.

## 7. Maria wird die Mutter von Jesus Gottesdienst im Advent (Lk 1,26–38)

*In der Mitte liegt ein aus einer Kordel geformter Kreis. Alle haben einen grünen Zweig.*

**1. Zur (Ver-)Sammlung**

- Begrüßung
- *Nacheinander legen alle ihren Tannenzweig auf den Kreis und gestalten so einen Adventskranz.*
  *Der Kreis wird geschlossen, indem nacheinander jeder seinem linken Nachbarn die Hand reicht. LeiterIn beginnt.*
- *Die vier Kerzen werden auf den Adventskranz gestellt.*
  *Die der Adventswoche entsprechenden Kerzen des Adventskranzes werden angezündet; dabei werden die jeweils passenden Strophen des folgenden Liedes gesungen:*
  LIED: Wir sagen euch an, GL, Nr. 115
- Kreuzzeichen

**2. Im Haus**

*In der Mitte des Adventskranzes wird ein braunes Tuch zu einem* **Haus** *gefaltet.*

*Mit ihren Armen stellen die Anwesenden ein Haus dar, zunächst einzeln, dann paarweise.* Es wird erzählt (*und mit Gesten gezeigt*), was in Häusern getan wird: essen, basteln, schlafen …

**3. Im Haus der Mutter Maria**

- In unserem Haus wohnt eine junge Frau, sie heißt **Maria**.
  Maria ist eine fromme Frau. Sie denkt an Gott, sie betet.
  Und Maria denkt an die Not und das Leid anderer Menschen.
  Maria glaubt fest daran: Einmal wird Gott einen Heiland senden, einen Retter, der uns erlösen wird. Dieser wird der gute Hirt sein; der wird uns schützen und führen.
- Plötzlich wird es im Haus der Maria ganz hell.
  *Ein gelbes Tuch wird über das braune Tuch gelegt.*
  Ein Engel, ein Bote Gottes tritt in das Haus. *Glockenspiel.*
  Maria erschrickt. Doch der Engel sagt: „Fürchte dich nicht, Maria!" *Alle wiederholen dies.*
  Und der Engel sagt weiter: „Gegrüßet seist du, Maria!" *Alle wiederholen.* „Der Herr ist mit dir." *Alle ebenso.*
  Maria denkt: „Was heißt das?"
  Der Engel antwortet: „Du wirst schwanger werden und ein Kind bekommen.
  Dein Kind sollst du Jesus nennen; denn dein Kind wird groß sein, es wird wie ein guter Hirt dein Volk schützen und führen."
  Maria fragt: „Wie soll das gehen?"
  Der Engel sagt: „Gott hat dich gern!" *Alle wiederholen.* „Gott ist mit dir!" *Alle nochmals.* „Gott gibt dir Kraft!" *Alle. Nacheinander legt jeder seinem linken Nachbarn die Hand auf die Schulter. LeiterIn beginnt.* So bekommt Maria Mut und Vertrauen. Und sie öffnet ihre Hände. *Alle tun dies.* Und Maria öffnet ihr Herz und sagt: „Ja, ich will dieses Kind bekommen!" *Die Jesus-Kerze wird angezündet, im Kreis herumgetragen und dann in das Haus der Maria gestellt;* dabei:
  LIED: Zündet an das helle Licht, s. Nr. 22
- So wächst Jesus als kleines Baby im Bauch der Mutter Maria. Und Maria sagt: „Mein Kind soll sich wohl fühlen bei mir, bei uns in unserem Haus."
  LIED: Du kleines Kind, du liebes Kind, komm in mein Haus. Willkommen hier bei uns. Willkommen hier bei uns (nach der

Melodie „Ein kleines Kind", GL, Nr. 46)
*Die Erwachsenen bilden einen Innenkreis und heben ihre Arme empor, sodass ein Haus entsteht. Die Kinder werden mit Namen aufgerufen und in dieses Haus eingeladen.* Zwischendurch immer wieder:
LIED: Du kleines Kind, s.o.
*Alle legen mit* **Legematerial** *vor ihrem Platz ein Haus.*

**4. Gemeinsames Gebet**

- Dank- und Fürbittgebet
- Vaterunser

**5. Zur Verabschiedung**

- Segensgebet/Segenslied
- Die Kinder erhalten einen **Barbarazweig**:
  Die Knospen dieses Zweiges sind noch ganz winzig und klein, so winzig und klein wie das Kind im Bauch der Maria. Wie das kleine Baby muss auch dieser Zweig geschützt und gepflegt werden, damit er groß wird und aufblüht. Stellt diesen Zweig in Wasser und bringt ihn ins Licht! Bringt ihn dorthin, wo es warm ist! Dann wird der Zweig groß werden und aufblühen wie das Jesusbaby im Bauch der Mutter Maria.
- Schlusslied

**Materialien:**
Langes Seil, vier dicke Kerzen, braunes und gelbes Tuch, Kirsch- oder Forsythienzweige, Legematerial, Glockenspiel, (Tannenzweige).
Alle sind eingeladen, einen Tannenzweig mitzubringen.

# 8. Denn Gott will bei uns wohnen Gottesdienst im Advent (Mt 1,20–23; Joh 1,14)

*In der Mitte liegt ein aus einer Kordel geformter Kreis. Alle haben einen grünen Zweig.*

## 1. Zur (Ver-)Sammlung

- Begrüßung
- *Nacheinander legen alle ihren Tannenzweig auf den Kreis und gestalten so einen Adventskranz.*
  *Der Kreis wird geschlossen, indem nacheinander jeder seinem linken Nachbarn die Hand reicht. LeiterIn beginnt.*
- *Die vier Kerzen werden auf den Adventskranz gestellt.*
  *Die der Adventswoche entsprechenden Kerzen des Adventskranzes werden angezündet; dabei werden die jeweils passenden Strophen des folgenden Liedes gesungen:*
  LIED: Wir sagen euch an, GL, Nr. 115
- Kreuzzeichen

## 2. Wir wohnen in Häusern

*In der Mitte des Adventskranzes wird ein braunes Tuch zu einem* **Haus** *gefaltet.*
*Zu zweit und/oder einzeln stellen die Anwesenden mit ihren Armen ein Haus dar.*
Es wird *(mit Gesten gezeigt und)* zusammengetragen, was in Häusern getan wird.
*Es werden Gruppen zu 2–3 Personen gebildet, die vor ihrem Platz ein Tuch zu einem Haus falten.*

## 3. Neues im Haus des Josef

- Stellt euch vor: In dem Haus in unserer Mitte wohnt der Schreiner Josef, der Mann der Maria. (Von Maria haben wir im letzten Gottesdienst gehört …)
  Eines Nachts hat Josef einen Traum: Er sieht einen Engel; einen Boten von Gott. *Glockenspiel.* Josef erschrickt. Doch der Engel sagt: „Fürchte dich nicht!" *Alle wiederholen dies.*
  Dann sagt der Engel: „Josef, deine Frau Maria wird ein Kind

bekommen. Du sollst dieses Kind Jesus nennen. Dieser Jesus ist ein ganz besonderes Kind: Jesus wird euer ganzes Volk erlösen. Er wird kranke Menschen heilen und trösten; er wird Kinder gern haben und ihnen die Hände auflegen."
Da freut sich Josef und sagt: „Das hat Gott uns ja schon lange versprochen. Gott hält sich also an das, was er versprochen hat."
Und Josef hebt seine Hände zum Himmel. *Alle stellen sich und tun dies.* Dann sagt Josef: „Gott meint es gut mit uns." *Alle wiederholen.* „Gott ist mit uns." *Alle nochmals.* „Gott will bei uns wohnen." *Alle. Dann setzen sich alle.*
Als Kind hat Jesus im Haus von Maria und Josef gewohnt. Wir wollen deshalb die Jesus-Kerze anzünden und in das Haus von Maria und Josef stellen. Dabei
LIED: Zündet an das helle Licht, s. Nr. 22
Gott ist mit uns. Er will bei uns wohnen – nicht nur im Haus von Maria und Josef, sondern auch in eurem Haus, bei dir, bei mir ...
Deshalb zünden wir an der Jesus-Kerze für jedes Haus ein Licht an. *Nacheinander bringt jeder seinem linken Nachbarn ein Licht mit den Worten:*
„N.N., Gott will auch in deinem Haus wohnen!" Zwischendurch immer wieder:
LIED: In unsrer Mitte, s. Nr. 12
*Mit* **Legematerial** *wird das eigene Haus geschmückt.*

**4. Gemeinsames Gebet**

- Fürbitten: Gott ist mit uns. Er will bei uns wohnen, bei den Kleinen und Großen, bei den Gesunden und Kranken. Lasst uns zu Gott beten für Menschen, die uns am Herzen liegen!
  (RUF: s. Nr. 12)
- Vaterunser

**5. Zur Verabschiedung**

- Segensgebet/Segenslied
- Schlusslied: In unsrer Mitte, s. Nr. 12

**Materialien:**
Bunte Tücher, Glockenspiel, Opferlichter, Jesus-Kerze, vier dicke Kerzen, langes Seil, (Tannenzweige).
Alle sind eingeladen, einen grünen Zweig mitzubringen.

## 9. Warten auf Jesus, den guten Hirten Gottesdienst im Advent (Joh 10; Lk 15; Ps 23)

*In der Mitte liegt ein aus einer Kordel geformter Kreis. Alle haben einen grünen Zweig.*

**1. Zur (Ver-)Sammlung**

- Begrüßung
- *Nacheinander legen alle ihren Tannenzweig auf den Kreis und gestalten so einen Adventskranz.*
  *Der Kreis wird geschlossen, indem nacheinander jeder seinem linken Nachbarn die Hand reicht. LeiterIn beginnt.*
- *Die vier Kerzen werden auf den Adventskranz gestellt.*
  *Die der Adventswoche entsprechenden Kerzen des Adventskranzes werden angezündet; dabei werden die jeweils passenden Strophen des folgenden Liedes gesungen:*
  LIED: Wir sagen euch an, GL, Nr. 115
- Kreuzzeichen

**2. Schafe brauchen einen Hirten/Schäfer**

*In die Mitte des Adventskranzes wird ein grünes Tuch gelegt.* Es soll erinnern an eine Weide/Wiese. *Die Figur eines Hirten wird im Kreis gezeigt.* Es wird zusammengetragen und veranschaulicht, was Hirten/Schäfer tun: Hirten sorgen sich um genügend Futter für ihre Schafe, sie schützen ihre Tiere (vor dem Wolf), sie kennen ihre Schafe, leben mit ihren Tieren, helfen bei der Geburt, versorgen die kleinen Lämmchen ...; die Hirten sind für die Schafe (lebens-)wichtig.

*Die Figur wird in die Mitte des Adventskranzes auf das grüne Tuch gestellt.*

**3. Jesus – wie ein guter Hirt**

- So wichtig der Hirte für die Schafe ist, so wichtig ist Jesus für uns. Jesus sagt von sich selbst: „Ich bin der gute Hirt. Ich kenne meine Schafe, und meine Schafe kennen mich. Und ich gebe mein Leben hin für die Schafe."
  Wir können uns also Jesus vorstellen wie einen guten Hirten.
  *Die Jesus-Kerze wird zu der Figur des Hirten gestellt.*
  LIED: Zündet an das helle Licht, s. Nr. 22

- Einmal hat Jesus dies seinen Jüngern besonders deutlich machen wollen:
  *Ein Körbchen, in dem verdeckt ein Schäfchen liegt, das sich in Dornen verheddert hat, wird in die Mitte gestellt. Das Schäfchen wird behutsam aufgedeckt, im Kreis gezeigt und dann sorgfältig von den Dornen befreit und zum Hirten gestellt.*
  Jesus sagte: „Mir fällt auf, wenn ein Schaf fehlt. Wenn ein Schaf fehlt, dann bin ich unruhig, dann laufe ich überallhin, um es zu

suchen. *Alle tun dies auf ihren Plätzen.* Wenn ich es gefunden habe, nehme ich es auf den Arm und bringe es froh und glücklich nach Hause." *Alle halten ihre Arme so, als würden sie ein Schäfchen tragen.* Jesus sagt: „Wenn ich das verlorene Schäfchen gefunden habe, dann bin ich froh, dann wird ein Fest gefeiert!"

LIED: Wir feiern heut ein Fest, s. Nr. 20; Alternative: Das wünsch' ich sehr, z.B. in „Liederbuch zum Umhängen", Nr. 10

- *Alle erhalten* **Schafwolle** *und formen daraus ein Schäfchen. Mit* **Legematerial** *legen alle (evtl. zu zweit) vor ihrem Platz eine Höhle oder ein „Nest" für ihr Schäfchen.*
  LIED: Wir feiern heut' ein Fest, s. Nr. 20

## 4. Gemeinsames Gebet

- Auf einen solch guten Hirten haben die Menschen schon lange gewartet. Ein ganz altes Gebet erzählt davon:
  Der Herr ist mein Hirt, (V/A)
  nichts wird mir fehlen. (V/A)
  Er lässt mich lagern auf grünen Auen (V/A)
  und führt mich zum Ruheplatz am Wasser; (V/A)
  er leitet mich auf rechten Pfaden. (V/A)
  Und muss ich auch wandern in finsterer Schlucht, – (V/A)
  ich fürchte kein Unheil, (V/A)
  denn du bist bei mir! (V/A)
- Auf die Geburt eines solch guten Hirten warten die Hirten von Betlehem; sie „wissen" besonders gut, wie ein wirklich guter Hirte sein muss. Sie erfahren als Erste von der Geburt des Jesuskindes.
- Vaterunser

## 5. Zur Verabschiedung

- Segensgebet/Segenslied
- Verabschiedung
- Schlusslied: In unsrer Mitte, s. Nr. 12

**Materialien:**
Langes Seil, grünes Tuch, Figur eines Hirten, Schafwolle, Schäfchen, das sich in Dornen verheddert hat, verdeckt in einem Körbchen, vier dicke Kerzen, Legematerial, (Tannenzweige). Alle sind eingeladen, einen grünen Zweig mitzubringen.

## 10. Wir feiern Jesu Geburtstagsfest Weihnachtsgottesdienst (Lk 2,1–17)

*In der Mitte liegt ein aus einer Kordel geformter Kreis. Alle haben ihr Schäfchen zunächst unter den Stuhl gestellt.*

### 1. Zur (Ver-)Sammlung

- Begrüßung
- *Nacheinander erhalten alle einen Tannenzweig und legen auf dem Kreis einen Adventskranz.*
  *Der Kreis wird geschlossen, indem nacheinander jeder seinem linken Nachbarn die Hand reicht. LeiterIn beginnt.*
- *Die vier Kerzen werden auf den Adventskranz gestellt; diese werden angezündet; dabei werden die jeweils passenden Strophen des folgenden Liedes gesungen:*
  LIED: Wir sagen euch an, GL, Nr. 115
- Kreuzzeichen

### 2. Maria und Josef auf der Suche

- *Die Figuren von Maria und Josef werden gezeigt und dann außerhalb des Adventskranzes in die Mitte gestellt.*
  Maria und Josef sind auf dem Weg von Nazaret nach Betlehem. (Sie tun dies, weil der römische Kaiser befohlen hat: Alle Menschen müssen sich in ihren Heimatorten melden!)
  Maria ist schwanger, sie erwartet ein Kind; der Tag der Geburt steht unmittelbar bevor.
  An einem Abend klopfen sie an eine Haustür. *Alle tun dies.* Maria und Josef wollen für die Nacht ein Zimmer mieten.

LIED: Macht auf eure Türen, Melodie: Macht auf eure Augen, s. Nr. 14

*Stille.* – Niemand hört das Klopfen. Niemand gibt Antwort.

Maria und Josef gehen weiter. *Die Figuren werden weitergerückt. Alle gehen auf ihren Plätzen.*

Wieder klopfen sie an eine Tür. *Alle ebenso.*

LIED: Macht auf eure Hände, Melodie s. Nr. 14

Jemand öffnet ein Fensterchen: „Was sucht ihr?"

„Wir suchen ein Bett!" *Alle wiederholen.* „Für uns und unser Kind." *Alle.*

Doch die Tür wird zugeschlagen.

Maria und Josef ziehen weiter. *Die Figuren werden weitergerückt. Alle gehen auf ihren Plätzen.*

Sie klopfen nochmals. *Alle tun dies.*

LIED: Macht auf eure Herzen, Melodie s. Nr. 14

Jemand ruft von drinnen: „Kein Platz! Kein Platz für Kinder!"

Maria und Josef sind traurig. Ratlos schauen sie sich an.

(LIED: Zwei Leute ziehn in dunkler Nacht, s. RPP 4/1990/26, 1–3)

So müssen Maria und Josef draußen vor der Stadt bleiben.

Aber – Gott sei Dank! – da gibt es noch einen Stall, einen Unterstand für Tiere. Dort ist wenigstens etwas Stroh.

*Jeder erhält etwas Stroh und kann damit den Platz in der Mitte des Adventskranzes „auspolstern".*

In dem Stall gibt es auch Tiere; die machen den Raum ein wenig warm und gemütlich.

*Einige Tierfiguren werden auf das Stroh gestellt.*

Maria und Josef gehen in diesen Stall.

*Die Figuren Maria und Josef werden auf das Stroh gestellt.*

(LIED: Zwei Leute ziehn in dunkler Nacht, s.o., 4–5)

**3. Jesus wird geboren**

Während Maria und Josef in dem Stall sind, kommt für Maria der Zeitpunkt der Geburt. Sie bringt Jesus zur Welt, wickelt ihn in Windeln und legt ihn in eine Krippe.

*Eine in einem Körbchen verdeckte kleine Babypuppe wird aufgedeckt, im Kreis herumgetragen und dann zu Maria und Josef gestellt.*

LIED: Zu Betlehem geboren, GL, Nr. 140

Dies geschah in der Nacht, draußen, vor der Stadt, in einem kleinen Stall – beinahe wäre es niemandem aufgefallen.
Doch plötzlich wird es ganz hell.

*Gelbe Tücher werden so außen an den Adventskranz gelegt, dass ein Stern entsteht; brennende Lichter werden auf jede Sternspitze gestellt.*
Die Hirten kommen mit ihren Schafen herbei, um zu sehen was los ist.
*Die Anwesenden nehmen ihre Schäfchen und stellen sie vor sich.*
Es erscheint ein Engel, ein Bote von Gott. *Glockenspiel.*
Die Hirten erschrecken sich und halten sich die Augen zu. *Alle halten die Hände vor die Augen.*
Der Engel aber sagt: „Fürchtet euch nicht!" *Alle wiederholen.*
„Ich verkünde euch eine große Freude: Heute ist euch der Retter geboren worden; es ist Jesus. Ihr werdet ein Kind finden, das in Windeln gewickelt in einer Krippe liegt."

Da freuen sich die Hirten. Sie nehmen sich an der Hand und laufen nach Betlehem.
*Alle fassen sich an der Hand und laufen auf ihren Plätzen.*
Und die Hirten nehmen ihre Schäfchen mit und schenken dem Kind Wolle, damit es sich wärmen kann.

*Nacheinander stellen alle ihr Schäfchen zu einem Kreis um das Kind in der Mitte des Adventskranzes.*
Die Hirten bewundern das kleine Kind; sie erzählen ihm Geschichten und singen ihm ein Geburtstagslied.
LIED: Heut ist Jesu Geburtstagsfest, s. RPP 3/1993/59, oder ein bei Kindergeburtstagen übliches Lied

**4. Gemeinsames Gebet**

- Wir feiern Jesu Geburtstagsfest. Wir feiern: Das helle Licht Gottes kommt (vom Himmel) in unsere Häuser – auch in unsere Dunkelheiten.
  Lasst uns darum beten für Menschen, die im Dunkeln leben, für Menschen, die uns besonders am Herzen liegen:
  RUF: Tragt in die Welt nun ein Licht, s. Nr. 17
  *Zu jeder Fürbitte wird ein Licht angezündet und auf den Stern gestellt.*
- Lasst uns das Licht vom Himmel annehmen und mitnehmen in unsere Familien!
  *Alle geben sich die Hände, heben diese hoch und bilden so einen großen Stern; dabei:*
  LIED: Tragt in die Welt nun ein Licht, s. Nr. 17

**5. Zur Verabschiedung**

- Segensgebet/Segenslied
- Weihnachtswunsch
- Schlusslied: vertrautes Weihnachtslied

**Materialien:**
Langes Seil, Tannenzweige, Figuren von Maria und Josef, Jesusbaby (verdeckt in einem Körbchen), Tierfiguren, Opferlichter, vier dicke Kerzen, mehrere gelbe Tücher, Stroh, Glockenspiel, (Schafwolle zum Formen von Schäfchen).
Alle sind eingeladen, ein Schäfchen mitzubringen.

## 11. Die Taufe (Jesu) – ein Grund zu feiern Gottesdienst als Tauferneuerung (Mk 1,9–11)

**1. Zur (Ver-)Sammlung**

- Lied
- Begrüßung
- Kreuzzeichen

**2. Jesus wurde getauft**

- *LeiterIn legt gelbe Tücher gewellt in die Mitte.* Wir können denken an … Sonne, Sonnenblumen, Wüste. Mit Hilfe dieser gelben Tücher können wir besser verstehen, was **Wüste** ist: In der Wüste scheint die Sonne sehr lange und sehr heiß. *Mit den Armen wird das Auf- und Untergehen der Sonne, mit den Fingern das Strahlen der Sonne dargestellt.*
  Deshalb ist es in der Wüste sehr trocken; es gibt nur wenig kleine Sträucher und Bäume, aber kein grünes Gras; alles ist braun und dürr.
  Große Wüstengebiete gibt es auch in Israel, in dem Land, in dem Jesus gelebt hat.
  Aber, Gott sei Dank, in diesem Land Israel gibt es noch etwas: *Blaue Tücher werden als Fluss über die gelben Tücher gelegt:* … **Wasser**.
  Diese Tücher sollen uns an den Fluss **Jordan** erinnern. *Alle wiederholen diesen Namen.*
  Der Jordan fließt mitten durch das Land, in dem Jesus gelebt hat.
  *Das Fließen des Flusses wird dargestellt, indem nacheinander einer dem anderen die Hand gibt; LeiterIn beginnt.*
  In der Nähe des Flusses ist es fruchtbar: Bäume, Blumen und Pflanzen mit wunderbaren Früchten wachsen dort; *grüne Stoffstreifen werden entlang des Flusses gelegt.*
- An dem Jordan geschah etwas Außergewöhnliches: Dort wurden Menschen **getauft**; die Menschen stiegen in den Fluss hinein, und Johannes goss etwas Wasser über ihren Kopf und taufte sie so. *Schöpfgesten.*
  Einmal kommt auch **Jesus** an diesen Fluss. *Die Jesus-Kerze*

*wird angezündet, im Kreis herumgetragen und dann an den Fluss gestellt;* dabei:
LIED: Zündet an das helle Licht, s. Nr. 22
Auch Jesus steigt in das Wasser, und Johannes tauft Jesus.
*Die Jesus-Kerze wird in das Wasser gestellt. – Schöpfgesten.*
Während Jesus getauft wird, hört man eine Stimme aus dem Himmel; es ist die Stimme Gottes; Gott sagt zu Jesus:
„Du bist mein liebes Kind!" *Alle wiederholen.* „Dich habe ich gern!" *Alle.*
Wir kennen ein Lied, das zu dieser „Liebeserklärung" Gottes sehr gut passt:
LIED: Es läuten alle Glocken, s. Nr. 5 (nur Refrain)

**3. Ich bin getauft – Gott mag auch mich!**

Auch wir sind einmal getauft worden, allerdings nicht in einem Fluss. *Die Kinder werden eingeladen, zu erzählen, was sie von einer Tauffeier wissen.* Die Dinge, die zur Tauffeier gebraucht werden, werden genannt: Wasser, Kerze, Taufkleid, Öl. *Ein* **Taufkleid** *wird gezeigt und in die Mitte gelegt.*
Das weiße Kleid schmückt das kleine Kind, das Baby soll schön aussehen. Eure Eltern haben sich gefreut über euch, über eure Geburt; deshalb haben sie zu eurer Taufe Verwandte und Freunde eingeladen und ein Fest gefeiert. Mehr noch: Eure Eltern haben euch taufen lassen, weil sie glauben: Auch Gott liebt euch; Gott hat euch gern! Gott schützt unser Kind.

*Die Erwachsenen nehmen die Kinder in die Mitte und breiten die Hände wie ein schützendes Zelt über sie aus;* dann:
LIED: Ein kleines Kind, du großer Gott, GL, Nr. 46

- Bei der Tauffeier wurde noch etwas sehr Schönes getan:
Es wurde für einen jeden von euch eine **Taufkerze** angezündet; wahrscheinlich haben dies eure Papas getan. Von der großen Osterkerze, von der Kerze, die uns an Jesus erinnert, haben sie Licht genommen und Licht zu dir, zu dir … gebracht: Man soll dein Gesicht sehen! Du sollst im Hellen leben! Du sollst keine Angst haben, denn Gott mag dich. Gott hat dich gern.
*Eltern bzw. Erwachsene zünden nacheinander für jedes Kind in ihrer Nähe je eine Kerze an und überreichen sie ihm mit den Worten:* „N.N., du bist getauft! Gott hat dich gern!" Dazwischen
LIED: Es läuten alle Glocken, s. Nr. 5 (nur Refrain)
*Die Kinder stellen ihr Licht vor ihren Platz und machen mit* **Legematerial** *sichtbar, wie es strahlt.*

## 4. Gemeinsames Gebet

- Dank- und Fürbittgebet
- Vaterunser

## 5. Zur Verabschiedung

- Segensgebet/Segenslied
- Verabschiedung
- Schlusslied

**Materialien:**
Mehrere gelbe und blaue Tücher; grüne Stoffstreifen, Jesus-Kerze; Taufkleid bzw. schönes Babykleidchen, Opferlichter, Legematerial.

# III. JESUS – WAS ER GESAGT UND GETAN HAT

## 12. Von Jesus beeindruckt
## Der reiche Fischfang und die ersten Jünger Jesu (Lk 5,1–11)

### 1. Zur (Ver-)Sammlung
- Lied
- Begrüßung
- Kreuzzeichen

### 2. Zusammen im Boot
*Mehrere blaue Tücher werden wellig in die Mitte gelegt:* Sie können uns erinnern an ... Wasser, Meer, **See**.
*Mit den Händen werden (große und kleine) Wellen dargestellt; ebenso Fische.*
Den See kann man mit einem **Boot** befahren:
*Alle formen ihre Hände zu einem Boot, das sie auf dem Wasser schwimmen lassen;*
*dann stellen sich alle dicht nebeneinander zu einem Kreis, legen sich die Hände auf die Schulter und stellen so gemeinsam ein Boot dar.*
*Zwei gelbe Tücher werden in der Mitte des Sees zu einem Boot gefaltet.*
*Jeder (Alternative: jede Familie) legt mit* **Legematerial** *(z.B. Kugel) für sich ein Zeichen in das Boot.*

### 3. Jesus mit im Boot
- In dem Land, in dem Jesus lebte, gibt es auch einen See; er heißt See Gennesaret. *Alle wiederholen.*
  Einmal war Jesus mit seinen Freundinnen und Freunden in einem Boot auf dem See. *Alle wiederholen.*
  *Die Jesus-Kerze wird angezündet, im Kreis herumgetragen und dann in die Mitte des Bootes gestellt;* dabei
  LIED: Zündet an das helle Licht, s. Nr. 22

Jesus lehrte die Menschen vom Boot aus. Danach sagte er zu Petrus: Fahrt hinaus auf den See, werft dort eure Netze aus, um Fische zu fangen.

Petrus aber macht eine ratlose Handbewegung. *Alle tun dies.* Und er sagt: „Jesus, wir haben die ganze Nacht gearbeitet und keinen einzigen Fisch gefangen; und bei Tag ist es noch schlechter! – Doch wenn du es sagst, dann wollen wir es probieren, dann werden wir die Netze auswerfen."

Und sie rudern und fahren mitten auf den See. *Alle machen Ruderbewegungen.* Dort werfen sie die Netze aus. *Alle stellen dies dar.* Dann schauen sie in das Wasser – *Stille*. Ganz erstaunt entdecken sie Fische, ganz viele Fische. Die Netze werden voll. Mit aller Kraft müssen sie die Netze in ihr Boot ziehen. *Alle ziehen.* Und sie winken ein weiteres Boot herbei. *Alle winken.* Zwei Boote können sie mit Fischen füllen bis oben an den Rand!

Petrus und die anderen Fischer sind sprachlos: „So viele Fische! So viele Fische haben wir noch nie gefangen!" *Stille.*

Aber dieses Mal war Jesus bei ihnen; Jesus war mit ihnen im Boot.

Und Jesus sagt: „Erschreckt nicht! Ihr habt mir vertraut, und ihr habt etwas Wunderbares erlebt. Habt Mut! Gott gibt euch Kraft! Denn Gott geht alle Wege mit euch mit!"

LIED: Gottes Kraft geht alle Wege mit, s. Nr. 7

Da sagt Petrus: „Jesus, wir sind begeistert von dir! Wir wollen

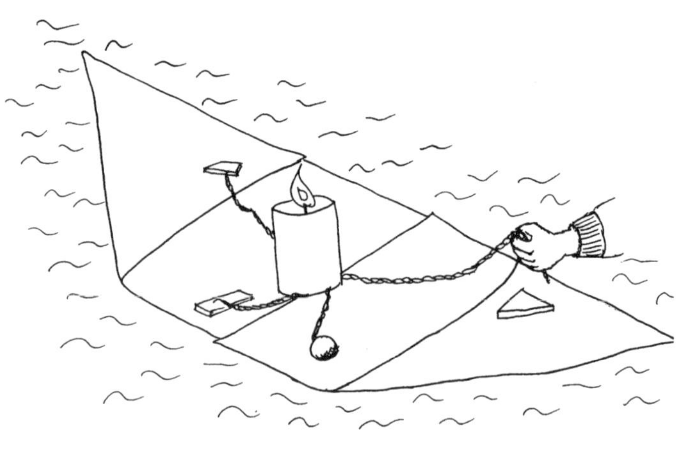

immer bei dir bleiben. Wir wollen deine Freunde und Freundinnen werden!"
LIED: Jesus Christ geht alle Wege mit, Melodie s. Nr. 7

- Die Menschen, die damals bei Jesus im Boot waren, haben erzählt, was sie erlebt haben; sie haben aufgeschrieben, was Jesus gesagt und getan hat. Später wurden diese Geschichten zu einem Buch zusammengeschrieben; wir nennen dieses Buch „Bibel". *Eine Bibel wird im Kreis gezeigt und dann in die Mitte gelegt.* So können auch wir heute Jesus kennen lernen; so können wir Jesus schätzen lernen und seine Freunde und Freundinnen werden. *Mit einem Faden legen nacheinander alle eine Verbindung zwischen ihrem Personenzeichen und der Jesus-Kerze.*

**4. Gemeinsames Gebet**

- Dank- und Fürbittgebet
  RUF: Jesus Christ geht alle Wege mit, Melodie s. Nr. 7
- Vaterunser

**5. Zur Verabschiedung**

- Segensgebet/Segenslied
- Verabschiedung
- Schlusslied

**Materialien:**
Mehrere blaue, zwei gelbe Tücher, Bibel, Wollfäden für alle, Legematerial, Jesus-Kerze.

## 13. Jesus – wie die Sonne
## Jesu Nähe tut gut (Joh 1,38–39)

### 1. Zur (Ver-)Sammlung

- Lied
- Begrüßung
- Kreuzzeichen

### 2. Ein Haus in der Sonne

- *LeiterIn faltet ein gelbes Tuch auf und zeigt es.* Das Tuch kann uns erinnern an … Sand, Gold; heute soll es uns an die **Sonne** erinnern.
  *Mit den Armen wird das Auf- und Untergehen, mit den Fingern das Strahlen der Sonne dargestellt.* Wenn die Sonne reden könnte, würde sie vielleicht sagen: Ich wärme; die Menschen freuen sich über mich …
- *Das gelbe Tuch wird in die Mitte gelegt und zu einem* **Haus** *gefaltet.*
  LeiterIn lädt ein, von einem hellen Haus zu träumen (evtl. kurze Hinweise zu einer Phantasiereise; Hintergrundmusik).
  *Alle erhalten* **Legematerial** *und können mit wenigen Teilen das helle Haus schmücken.*

### 3. Jesus – wie ein Haus in der Sonne

- An Weihnachten, an Jesu Geburtstagsfest, zünden wir viele Kerzen an, ja sogar einen großen Lichterbaum. Denn: Wo Jesus ist, ist es hell.
  Deshalb zünden wir auch (in jedem Kindergottesdienst) die Jesus-Kerze an; sie ist ebenfalls ein Zeichen für Jesus. *Die* **Jesus-Kerze** *wird angezündet, im Kreis herumgetragen und dann in das Haus gestellt.* Dabei
  LIED: Zündet an das helle Licht, s. Nr. 22
  Die Menschen, die Jesus gekannt haben, kamen gerne zu Jesus; sie kamen gerne zu ihm in sein helles freundliches Haus.
  *Mit vier braunen Tüchern werden* **vier Wege** *in Kreuzform zu dem Haus gelegt.*

LIED: Die Menschen öffnen Türen, s. Nr. 2, 1–3 (Dieses Lied sollte vorgesungen werden, die Wiederholung am Schluss einer jeden Strophe kann dann von allen übernommen werden.)

- Zu Jesus kommen **kranke Menschen**: Menschen, die ihre Hände und Beine nicht richtig bewegen können.
Zu Jesus kommen Menschen, die aussätzig sind, die eine schlimme Hautkrankheit haben.
Jesus schaut nicht weg; Jesus ekelt sich nicht vor ihren Wunden. Jesus streichelt die Kranken und heilt sie. *Verbandszeug wird auf einen Weg gelegt.*
LIED: Die Menschen öffnen Türen, Nr. 2, 4
Das Licht Jesu breitet sich aus.
*Vom Haus aus werden zwei gelbe Stoffstreifen als Strahlen neben den betreffenden Weg gelegt.* Die kranken Menschen freuen sich, im Licht Jesu zu sein.
*Jeder legt seinem Nachbarn den Arm auf die Schulter.*
Die kranken Menschen freuen sich, dass Jesus ihr Freund sein will.
- Zu Jesus kommen Menschen, die **Hunger und Durst** haben. Sie wollen etwas zu essen und zu trinken haben. Jesus teilt alles, was er hat. *Auf einen anderen Weg wird Brot gelegt.*
LIED: Die Menschen öffnen Türen, Nr. 2, 5
Das Licht Jesu breitet sich aus.
*Vom Haus aus werden zwei gelbe Stoffstreifen als Strahlen neben den betreffenden Weg gelegt.* Und die hungrigen Menschen freuen sich, im Licht Jesu zu sein.
*Jeder legt seinem Nachbarn den Arm auf die Schulter.*
Die hungrigen Menschen freuen sich, dass Jesus ihr Freund sein will.
- Auf einem anderen Weg kommen Menschen zu Jesus, die **traurig** sind: Erwachsene, die Kummer haben, und Kinder, die weinen. Jesus setzt sich zu ihnen und hört ihnen zu.
*Auf einen weiteren Weg wird eine Rose gelegt.*
LIED: Die Menschen öffnen Türen, Nr. 2, 6
Das Licht Jesu breitet sich immer weiter aus.
*Vom Haus aus werden zwei gelbe Stoffstreifen als Strahlen neben den betreffenden Weg gelegt.* Die traurigen Menschen freuen sich, im Licht Jesu zu sein.

*Jeder legt seinem Nachbarn den Arm auf die Schulter.*
Die traurigen Menschen freuen sich, dass Jesus ihr Freund sein will.

- Auch für die **Kinder** gibt es einen Weg zu Jesus; die Kinder spüren: Dieser große Jesus hat Kinder gern. Jesus macht sich klein, um die Kinder zu verstehen. Die Kinder spüren: Wir sind bei Jesus geborgen wie ein Vogel im Nest!
*Die Anwesenden werden eingeladen, mit ihren Händen ein Nest zu bilden.*
*Ein Vogelnest wird im Kreis gezeigt und dann auf den vierten Weg gelegt.*
LIED: Die Menschen öffnen Türen, Nr. 2, 7
Und das Licht Jesu breitet sich immer weiter aus.
*Vom Haus aus werden zwei gelbe Stoffstreifen als Strahlen neben den vierten Weg gelegt.*
Die Kinder freuen sich, im Licht Jesu zu sein. *Jeder legt seinem Nachbarn den Arm auf die Schulter.* Die Kinder freuen sich, dass Jesus ihr Freund sein will.
LIED: Die Menschen öffnen Türen, Nr. 2, 8

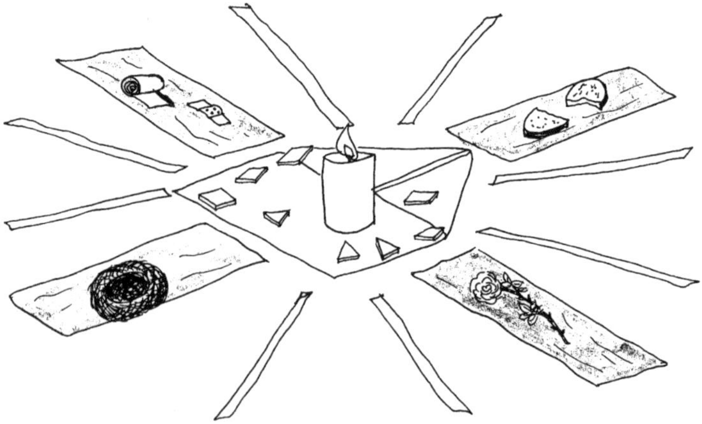

**4. Gemeinsames Gebet**

- Dank- und Fürbittgebet
- Vaterunser

**5. Zur Verabschiedung**

- Segensgebet/Segenslied
- Verabschiedung
- Schlusslied

**Materialien:**
Gelbes Tuch, vier hellbraune Tücher, acht gelbe Stoffstreifen, helles Legematerial, Jesus-Kerze, eine Rose, eine Scheibe Brot, Verbandszeug, ein als Nest hergerichtetes kleines Körbchen.

## 14. Jesus hat die Kinder lieb Die Segnung der Kinder (Mk 10,13–16)

**1. Zur (Ver-)Sammlung**

- Lied
- Begrüßung
- Kreuzzeichen

**2. Licht will sich ausbreiten**

- *Die* **Jesus-Kerze** *wird angezündet, im Kreis herumgetragen und in die Mitte gestellt.*
  *Die Anwesenden betrachten die Flamme und stellen diese mit den Händen dar.*
  Wenn die Flamme sprechen könnte, würde sie erzählen: Ich tanze, ich mache hell, vertreibe Angst, Menschen haben mich gern …, bin ein Zeichen für Jesus.
  LIED: Zündet an das helle Licht, s. Nr. 22
  *Mit hellem* **Legematerial** *werden kurze Strahlen um die Kerze gelegt.*
- *Kommentarlos umstellt dann der/die LeiterIn Kerze und Strahlen mit groben Holzscheiten.*

Was ist passiert? Das Licht ist versteckt, es ist nicht mehr so hell; ungewöhnlich!, verrückt! Es ist nicht mehr so schön.

**3. Jesus hat die Kinder lieb**

- Hört folgende Geschichte von Jesus:

Einmal bringen Eltern ihre Kinder zu Jesus; Jesus soll den Kindern die Hände auflegen und sie segnen. Von allen Seiten kommen die Eltern; die einen haben ihre Kinder an der Hand, die anderen tragen sie auf ihren Armen. *Alle gehen auf ihren Plätzen.*

Doch was ist das? Um Jesus herum stehen ganz viele Erwachsene; sie bilden eine richtige Mauer um ihn. Ganz eng. Da ist kein Platz. Die Kinder sehen nur noch die Beine der Großen. *Alle bilden einen engen Kreis um die Kerze und stellen so eine Mauer dar.*

Einige von den Großen drehen sich um und sagen von oben herab: „Was wollen die Kinder denn hier? Kinder verstehen das doch nicht!"

Aber Jesus hört dies und wird unwillig:

„Steht den Kindern nicht im Weg! Die Kinder sollen zu mir kommen! Alle!"

*Alle setzen sich.* Und Jesus öffnet seine Arme. *Alle tun dies.* Dann sagt Jesus: „Ich bin ein Freund der Kinder; und Gott ist auch ein Freund der Kinder!

Kinder haben ein offenes Herz. Kinder sind offen für Gottes neue Welt."

Und Jesus nimmt die Kinder in die Arme – eins nach dem anderen. Und er streichelt die Kinder, legt ihnen die Hände auf, und er segnet sie.

LIED: Wenn einer sagt, ich mag dich, du, z.B. in „Liederbuch zum Umhängen", Nr. 55

- Die Geschichte von Jesus gleicht unserem Mittenbild: Kerze versteckt, Jesus versteckt …

Aber Jesus will, dass die Kinder zu ihm kommen.

*Die Erwachsenen werden eingeladen, Tore in die Mauer zu brechen:*

Jetzt gelangt Licht nach draußen; jetzt haben auch die Kinder einen freien Zugang zu Jesus.

Wir wollen dies sichtbar machen:

*Nacheinander legen die Erwachsenen von der Kerze zu jedem Kind in ihrer Nähe ein gelbes Band. Dabei*
RUF: Jesus hat dich, N.N., lieb! Alleluja! (nach der Melodie: „Hört, wen Jesus glücklich preist", z.B. in „Liederbuch zum Umhängen", Nr. 43)

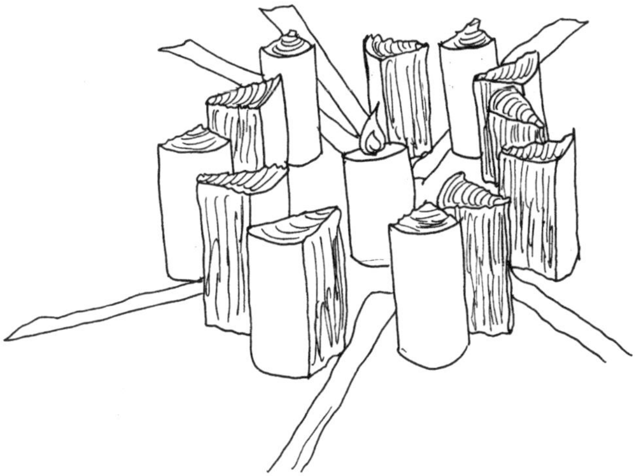

**4. Gemeinsames Gebet**

- Dank- und Fürbittgebet
- Vaterunser

**5. Zur Verabschiedung**

- Segensgebet/Segenslied
- Verabschiedung
- Schlusslied

**Materialien:**
Jesus-Kerze, für jedes Kind einen gelben Stoffstreifen, grobe Holzscheite oder dicke Steine, helles Legematerial.

## 15. Jesus feiert mit Das „Zeichen“ Jesu bei der Hochzeit in Kana (Joh 2,1–11)

### 1. Zur (Ver-)Sammlung

- Lied
- Begrüßung
- Kreuzzeichen

### 2. Ein Hochzeitsfest

*LeiterIn entfaltet ein rundes Tuch und legt es in die Mitte.*
*Alle umkreisen das Tuch mit ihren Augen; alle zeichnen den Kreis mit ihren Händen nach. Alle reichen sich die Hände, schauen sich an:* Gemeinsam sind wir auch ein Kreis.
Das runde Tuch kann uns erinnern an … Scheibe, Tisch, **Fest**.
*Die TeilnehmerInnen schmücken mit Legematerial den Rand des runden Tuches.*
Ich möchte, dass wir heute an ein besonderes Fest denken:
*Zwei* **Eheringe** *auf einem Tablett werden gezeigt, dann auf die Mitte des runden Tuches gestellt:* Wir denken heute an ein Hochzeitsfest.
*Jeder (Alternative: immer zwei Personen) erhält ein Platzdeckchen und legt es außen an den Rand der runden Decke. Jeder bekommt ein Glas und stellt es auf das Platzdeckchen.*
LIED: Wir feiern heut' ein Fest, s. Nr. 20

### 3. Jesus hilft, dass das Hochzeitsfest gelingt

- Die Bibel erzählt uns, dass Jesus auch einmal an einem Hochzeitsfest teilgenommen hat. *Die Jesus-Kerze wird angezündet, im Kreis herumgetragen und auf das runde Tuch gestellt;* währenddessen:
  LIED: Zündet an das helle Licht, s. Nr. 22
- Bei dem Hochzeitsfest, an dem Jesus teilnimmt, entsteht jedoch ein Problem:
  Der Wein geht aus; die Leute haben nichts mehr zu trinken. *Alle drehen ihre Gläser um.*

Dies fällt Maria, der Mutter von Jesus, auf. Und sie sagt zu Jesus: „Sie haben keinen Wein mehr!" *LeiterIn sagt dies leise dem linken Nachbarn, und es wird weitergesagt im Sinne von „Stille Post".*
Jesus sagt zu den Leuten, die bei Tisch bedienen: „Füllt die sechs großen Wasserkrüge mit Wasser!"
*Mit Gesten werden die Krüge dargestellt, ebenso das Herbeischleppen des Wassers und das Einfüllen in die Krüge.*
„Schöpft jetzt aus diesen Krügen und bringt es dem Speisemeister!", sagt Jesus. Die Diener gehen in die Küche. *Alle drehen ihre Gläser um und erhalten Traubensaft.* Der Speisemeister trinkt. *Alle kosten und trinken.* Der Speisemeister ist ganz verwundert und überrascht: „Das ist ja Wein, sehr guter Wein!" Und er ruft das Brautpaar: „Ihr habt ja den besten Wein bis zum Schluss aufbewahrt! Jetzt können wir fröhlich weiterfeiern!" Doch der Speisemeister wusste nicht, dass Jesus das Wasser in Wein verwandelt hatte.
LIED: Wir feiern heut' ein Fest, s. Nr. 20
So hat Jesus geholfen, dass die Menschen froh weiterfeiern konnten. Darüber staunten die Leute. Manche waren von Jesus so beeindruckt, dass sie immer bei ihm blieben. Sie haben uns diese Geschichte von Jesus auch aufgeschrieben. Denn sie

spürten: Gott will, dass die Menschen sich freuen und glücklich werden. Gott will, dass auch wir erkennen: Wir haben Grund, uns zu freuen; Gott will, dass wir glücklich werden.
*Mit* **Legematerial** *schmücken die TeilnehmerInnen ihren Platz, ihr Platzdeckchen.*
*Alle trinken von dem Traubensaft.*
(LIED: Wir feiern heut' ein Fest, s. Nr. 20)

**4. Gemeinsames Gebet**
- Dank- und Fürbittgebet
- Vaterunser

**5. Zur Verabschiedung**
- Segensgebet/Segenslied
- Verabschiedung
- Schlusslied

**Materialien:**
Zwei Eheringe auf einem Tablett, rundes Tuch, Platzdeckchen, Legematerial, Jesus-Kerze, Probiergläser, Traubensaft.

## 16. Wir sind alle eingeladen
## Das Gleichnis vom königlichen Hochzeitsmahl (Mt 22,1–10)

*Alle haben ihre Blume zunächst unter ihren Stuhl gelegt.*

**1. Zur (Ver-)Sammlung**
- Lied
- Begrüßung
- Kreuzzeichen

**2. Ein schön gedeckter Tisch**

*Ein großes rundes Tuch wird gemeinsam entfaltet; alle fassen es an (wie ein Sprungtuch), lassen es kreisen und legen es dann in die Mitte; alle „runden" sich um das runde Tuch.*

Das runde Tuch kann uns erinnern an: … **Tisch,** Sonne, Scheibe.

Wir setzen uns an einen Tisch, um z.B. … zu essen, ein Fest zu feiern.

Lasst uns jetzt den Tisch schmücken zu einem Fest!

*Nacheinander legen alle ihre mitgebrachte* **Blume** *an den Rand des Tisches; ein Brot wird auf die Mitte des Tisches gelegt.*

Dieser schön geschmückte Tisch kann uns erinnern an: … Geburtstagsfest.

LIED: Setz' dich zu mir an meinen Tisch, s. Nr. 16

**3. Gott – wie ein König, der zum Fest einlädt**

- Jesus hat den Menschen immer wieder in Geschichten von Gott erzählt.
  Eine solche Geschichte will ich euch jetzt erzählen:
  Mit Gott und seinem Reich im Himmel ist es wie mit einem König, der für sein Kind ein großes Fest veranstaltet.
  Der König bereitet alles vor, macht alles schön und lädt viele Menschen ein.
  Kurz vor dem Fest schickt er nochmals Diener zu den eingeladenen Gästen: „Alles ist fertig!" *Alle wiederholen.* „Kommt zum Fest!" *Alle nochmals.*
  Aber die eingeladenen Gäste hören nicht zu.
  Da rufen die Diener des Königs zum zweiten Mal: „Alles ist fertig!" *Alle nochmals.* „Kommt zum Fest!" *Alle.*
  Aber die eingeladenen Gäste wollen nicht (kommen). *Stille.*
- Als der König das erfährt, denkt er an sein Kind: Niemand kommt! Mein Kind ist allein! … *Die Kinder werden eingeladen, ihre Empfindungen zu sagen.*
  Und der König sagt: „Ich will, dass es ein Fest gibt für mein Kind! Mein Kind soll sich freuen!"
  Und der König hat auch eine Idee: Er sagt zu seinen Dienern: Das Fest ist vorbereitet und wir wollen feiern, und zwar ein Fest mit vielen Gästen! Geht deshalb hinaus auf die Straße und ladet alle ein, die ihr trefft!

Und die Diener laufen nach draußen. *Alle tun dies auf ihren Plätzen.* Die Diener rufen: „Alles ist fertig!“ *Alle wiederholen.* „Kommt zum Fest!“ *Alle.*

Und der Festsaal füllt sich mit ganz vielen Gästen. Alle essen und trinken, reden miteinander, tanzen und freuen sich. Und das Kind des Königs freut sich und mit ihm die vielen Gäste, die kleinen und großen, die Kinder und Erwachsenen, die guten und bösen, alle freuen sich, dass sie zum Fest eingeladen sind.

LIED: Setz' dich zu mir an meinen Tisch, s. Nr. 16, 1–3

- Von einem solchen König erzählte Jesus, von einem König, der alle zu seinem Fest einlädt. Und die Menschen verstehen: Gott ist wie ein solcher König. Gott lädt alle Menschen ein. Gott freut sich über alle Menschen. Gott freut sich, wenn die Menschen sich freuen.

  Lasst uns deshalb die Jesus-Kerze anzünden und mitten auf den Tisch stellen. Dabei

  LIED: Zündet an das helle Licht, s. Nr. 22

**4. Gemeinsames Gebet**

- Dank- und Fürbittgebet
- Vaterunser
- *In dankbarer Erinnerung an den einladenden Gott wird das Brot geteilt, an alle ausgeteilt und dann gemeinsam gegessen.*

**5. Zur Verabschiedung**

- Segensgebet/Segenslied
- Verabschiedung
- Schlusslied

**Materialien:**
Großes rundes Tuch, Jesus-Kerze, Brot (z.B. ein Kindern gut schmeckender Hefezopf), (Blumen).
Alle sind eingeladen, eine Blume mitzubringen.

## 17. Wie ich mein Kuscheltier mag Von Gott, dem fürsorglichen Hirten (Lk 15,3–7)

*In der Mitte liegt ein grünes Tuch. Die Kinder haben ihr Kuscheltier oder ihre Puppe auf dem Arm.*

**1. Zur (Ver-)Sammlung**

- Lied
- Begrüßung – auch der Puppen und Kuscheltiere
- Kreuzzeichen

**2. Meine Puppe/mein Kuscheltier – die hab ich ganz lieb!**

Eure Puppen und Kuscheltiere haben Namen, z.B. …; mit ihnen …
*Die Kinder werden eingeladen zu erzählen.* Doch stellt euch vor: An einem Abend wollt ihr schlafen gehen, schlagt die Bettdecke auf – euer Kuscheltier ist nicht mehr da! Ihr durchwühlt das Bett, ihr schaut unter dem Bett … – doch nirgendwo ist euer Kuscheltier/eure Puppe!
*Die Kinder werden eingeladen, ihr Kuscheltier vorübergehend unter ihren Stuhl zu legen.*
Wie ist es, wenn euer Kuscheltier/eure Puppe nicht da ist?
Es wird zusammengetragen, wie die Kinder bestürzt sind, überall suchen, andere um Hilfe bitten, traurig sind, weinen.
Und stellt euch nun vor: Plötzlich findet ihr eure Puppe wieder.

*Die Kinder nehmen ihr Kuscheltier wieder in den Arm.*
Wie geht es euch jetzt? *Die Kinder können erzählen.*
LIED: Mein Schatz ist wieder da! Mein Schatz ist wieder da! Mein Schatz, den ich verloren hatt', ist wieder da!, Melodie „Mein Schäfchen ist wieder da“, s. Nr. 15

**3. Wie Gott mich gern hat**

Ich will euch jetzt eine Geschichte von Jesus erzählen:
Jesus sagte: Gott hat alle Menschen gern, die großen und kleinen, die Kinder und die Erwachsenen, die guten Leute, aber auch die, die manchmal böse sind.
Die Leute konnten das nicht begreifen. Da erzählte Jesus ihnen folgende Geschichte:
Gott ist so ähnlich wie ein Schäfer, wie ein **guter Hirt**. *Die Figur eines Hirten, der ein Schäfchen auf dem Arm hat, wird gezeigt und dann auf das grüne Tuch gestellt.* Gott, der gute Hirt, hat ganz viele Schafe, doch er kennt alle diese vielen Schafe. Er weiß, wie sie aussehen, er kennt ihre Namen, er redet mit ihnen.
Und so fällt ihm an einem Abend auf: Ein Schäfchen fehlt!
*Ein Kind wird gebeten, sich mit dem Schäfchen des Hirten in einer Ecke des Raumes auf den Boden zu hocken.*
Dieses eine Schaf hatte sich verlaufen; es war vom Weg abgekommen und in ein tiefes Loch gestürzt.
Deswegen ist der Hirt ganz unruhig; nervös geht er hin und her.
*Alle gehen auf ihren Plätzen nach links und dann nach rechts.*
Der Hirt schaut hierhin und schaut dorthin. *Die Anwesenden schauen hierhin und dorthin.* Der Hirt fragt: „Wo ist mein Schäfchen?“ *Der Reihe nach fragt jeder seinen rechten Nachbarn, LeiterIn beginnt.*
Der Hirt ruft: „Schäfchen!“ *Alle wiederholen.*
Dann ist der Hirt ganz still und horcht. *Stille. Alle horchen.*
Dann ruft er wieder: „Schäfchen!“ *Alle. – Stille.*
Schließlich entdeckt der Hirt das Schäfchen in dem dunklen Loch. Er rennt dorthin. *Alle rennen auf ihren Plätzen.* Der Hirt nimmt sein Schäfchen auf den Arm und bringt es nach Hause.
*LeiterIn bringt das Kind mit dem Schäfchen in den Kreis; die Figur des Hirten erhält wieder das Schäfchen.*

LIED: Mein Schäfchen ist da! Mein Schäfchen ist da! Mein Schäfchen, das verloren war, ist wieder da!, Melodie s. Nr. 15

Wie der Hirt gehandelt hat, so handelt auch **Gott**.

*Die Jesus-Kerze wird angezündet, im Kreis herumgetragen und zum Hirten gestellt.*

LIED: Zündet an das helle Licht, s. Nr. 22

Gott kennt jeden einzelnen Menschen; er kennt die Kleinen und die Großen, er kennt dich und mich. Gott will nicht, dass du oder du oder ... oder ich verloren gehen. Gott hat uns gern; Gott läuft uns hinterher. Gott kann erst wieder ruhig schlafen, wenn alle Menschen geborgen in Sicherheit sind; dann freut sich Gott. Lasst uns mit Gott singen:

LIED: Mein Kind ist wieder da! Mein Kind ist wieder da! Mein Kind, das sich verlaufen hatt', ist wieder da, Melodie s. Nr. 15

*Einzelne Erwachsene legen nacheinander mit Stoffstreifen einen Weg zwischen Kerze und den einzelnen Kindern; dabei sagen sie zu jedem Kind:* N.N., Gott, der gute Hirt, sucht auch dich. Zwischendurch:

LIED: Mein Kind ist wieder da! Mein Kind ist wieder da! Mein Kind, das sich verlaufen hatt', ist wieder da, Melodie s. Nr. 15

*Die Kinder stellen ihr Kuscheltier an das Ende des Weges und verzieren mit* **Legematerial** *dessen Platz.*

**4. Gemeinsames Gebet**

- Dank- und Fürbittgebet
- Vaterunser

  Gott, der gute Hirte, liebt uns alle; zu Kindern und zu Erwachsenen ist er wie ein guter Vater; lasst uns deshalb zu unserem gemeinsamen guten Vater beten: Vater unser …

**5. Zur Verabschiedung**

- Segensgebet/Segenslied
- Verabschiedung
- Schlusslied

**Materialien:**
Grünes Tuch, bunte Stoffstreifen, Figur eines Hirten mit Schäfchen, Jesus-Kerze, Legematerial.
Die Kinder sind eingeladen, ihre Puppe oder ihr Kuscheltier mitzubringen.

## 18. Wie Freundschaft entsteht Jesus im Haus des Zachäus (Lk 19,1–10)

**1. Zur (Ver-)Sammlung**

- Lied
- Begrüßung
- Kreuzzeichen

**2. Klein sein – groß sein wollen**

Manchmal fühlt ihr euch ganz klein, z.B. … wenn ihr nicht auf den Tisch sehen könnt, euch nicht alleine anziehen könnt, noch keine Schlaufe könnt, nicht lesen könnt …
Wenn man klein ist, will man groß sein.

*Alle machen sich zunächst klein, richten sich dann auf, heben die Hände empor, stellen sich auf die Zehenspitzen (auf den Stuhl):*
Ich möchte ganz groß sein!
Wenn man sich klein fühlt, ist man manchmal … traurig; manche Kinder, die sich klein fühlen, müssen weinen. Andere sind böse auf größere und schlagen sie: „Die können alles! Die haben es besser! Warum bin ich so klein?"
(Manche Kinder, die sich klein fühlen, strengen sich unheimlich an, um groß zu sein.)
Es gibt auch Erwachsene, die sich klein und hilflos fühlen, z.B. gegenüber fremden Leuten, z.B. wenn sie keine Arbeit mehr haben …

**3. Der große Jesus liebt den kleinen Zachäus**

- Hört die folgende Geschichte von Zachäus:
Zachäus war ein erwachsener Mann; aber er war klein, und er fühlte sich auch ganz klein.
*Ein Kinderstuhl wird in die Mitte gestellt.* Und weil Zachäus groß sein wollte, ging er zu den großen Römern. Die Römer machten Zachäus zu ihrem Zöllner. Als Zöllner der Römer durfte Zachäus von den Leuten Geld einfordern. Und so setzte sich Zachäus mit seinem Stuhl breit vor das Stadttor; und alle, die rein und raus gingen, mussten dem Zachäus Geld geben. „Gib her, gib her!", ruft Zachäus. *Alle wiederholen und machen Raffbewegungen.*
Alle sollen meinen: Zachäus ist groß und mächtig. Aber die Leute können Zachäus nicht leiden, sie gehen ihm aus dem Weg; sie haben Angst vor ihm.
So wird Zachäus ein einsamer Mann; er hat keine Freunde und Freundinnen. *Stille.*
- Einmal hört Zachäus, wie die Leute sagen: „Jesus kommt!" Einer erzählt dies dem anderen. *Jeder sagt seinem rechten Nachbarn – im Stil von „Stille Post":* „Jesus kommt!" *LeiterIn beginnt.* Und die Leute erzählen: Jesus – das ist der, der Kinder gut leiden kann; Jesus geht zu den Kranken; Jesus hat auch die kleinen Leute gern.
Als Zachäus das hört, denkt er: Diesen Jesus will ich sehen! Und er hat auch eine Idee: Ich will auf einen Baum klettern, dann kann ich Jesus auf jeden Fall sehen.

*Mit einem braunen und einem grünen Tuch wird in die Mitte ein Baum gelegt.*

Und Zachäus steigt empor und wartet. *Alle steigen symbolisch auf einen Baum und gucken.*

Und Jesus kommt wirklich in die Stadt. *Die Jesus-Kerze wird angezündet und im Kreis herumgereicht.*

LIED: Zündet an das helle Licht, s. Nr. 22

Vor dem Baum bleibt Jesus stehen. *Die Kerze wird vor den Baum gestellt.* Jesus schaut empor. *Alle schauen empor.* Jesus ruft: „Zachäus!" *Alle wiederholen.* „Zachäus, komm schnell herunter!" *Alle wiederholen.* „Heute muss ich bei dir zu Gast sein!" *Alle.* Zachäus ist sprachlos: „Da ruft jemand meinen Namen! Da ruft jemand mich!" – Doch ganz schnell antwortet Zachäus: „Ja, ich komme!" *Alle wiederholen.* Und schnell steigt er vom Baum hinab. *Alle steigen hinab.*

Und er läuft zu seinem Haus. *Alle laufen auf ihren Plätzen.* Mit offenen Armen steht Zachäus vor seinem Haus und lädt Jesus hinein. *Alle öffnen ihre Arme.*

Dann deckt er den Tisch für Jesus. *Eine runde Tischdecke wird in die Mitte gelegt, darauf ein Brot.* Und Jesus kommt in das Haus des Zachäus und setzt sich zu ihm an den Tisch.

*Die Jesus-Kerze wird auf das Tischtuch zu dem Brot gestellt.*

Und der große Jesus und der kleine Zachäus essen und trinken zusammen, sie reden miteinander. Zachäus kann es noch nicht begreifen, doch allmählich spürt er, wie es ihm besser geht.

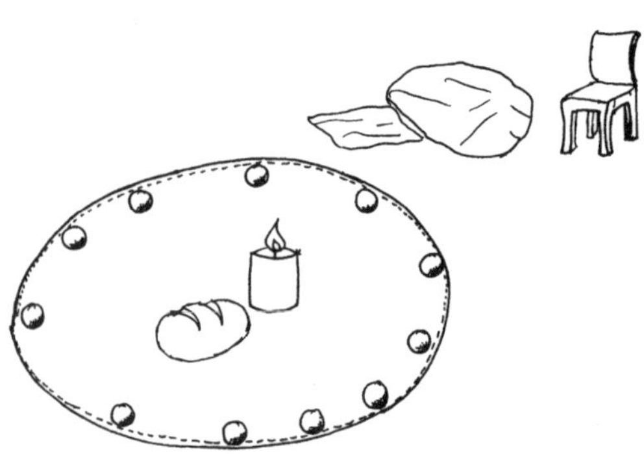

LIED: Kindermutmachlied, z.B. in „Liederbuch zum Umhängen“, Nr. 55

- Die Leute in der Stadt können das nicht verstehen: Warum geht Jesus zu diesem Zachäus? Zachäus ist doch böse! Zachäus hat uns doch Geld weggenommen!
  Da geht Jesus nach draußen zu den Leuten und sagt: „Ich habe den kleinen Zachäus nicht vergessen. Ich lasse den Zachäus nicht fallen; auch Gott lässt Zachäus nicht fallen. Ich halte zu Zachäus.“ Und Jesus legt Zachäus die Hand auf die Schulter.
  *Jeder legt seinem rechten Nachbarn die Hand auf die Schulter.*
  Und Jesus sagt weiter: „Gott liebt alle Menschen, auch die kleinen, auch den kleinen Zachäus. Gott ist nicht böse mit den Menschen. Gott ist auch nicht böse mit den Menschen, die manchmal böse sind!“
  LIED: Kindermutmachlied, s.o.
  Darüber wird Zachäus ganz froh. Und er sagt zu den Leuten: „Kommt in mein Haus! Kommt an meinen Tisch! Ich will mit euch alles teilen, was ich habe. Wir wollen zusammen feiern und uns zusammen freuen, denn nun weiß ich: Ich habe einen Freund. Jesus ist mein Freund!“
  LIED: Setz' dich zu mir an meinen Tisch, s. Nr. 16
- *Nacheinander legt jeder für sich eine Kugel auf den Rand des runden Tuches und nimmt so Platz am Tisch;* zwischendurch mehrmals:
  LIED: Setz' dich zu mir an meinen Tisch, s. Nr. 16

## 4. Gemeinsames Gebet

- Dank- und Fürbittgebet
- Vaterunser
- Zachäus hat erlebt, wie schön es ist, nicht mehr allein zu sein; er hat „geschmeckt“, wie schön es ist, FreundInnen (am Tisch) zu haben. Er hat gespürt, wie schön es ist, dass Jesus unser Freund ist. In Erinnerung daran wollen wir das Brot zusammen essen.
  *LeiterIn teilt und verteilt das Brot; dann essen alle gemeinsam.*

## 5. Zur Verabschiedung

- Segensgebet/Segenslied

- Verabschiedung
- Schlusslied

**Materialien:**
Kinderstuhl, großes rundes Tuch, ein braunes und ein grünes Tuch, Kugeln, Brot bzw. Trockenkuchen, den die Kinder mögen.

## 19. Jesus – nicht nachtragend Die Verleugnung des Petrus (Mk 14,66–72; Joh 21,15–23)

**1. Zur (Ver-)Sammlung**

- Lied
- Begrüßung
- Kreuzzeichen

**2. Freunde und Freundinnen halten zusammen**

*Ein Seil wird im Kreis herumgereicht und zu einem Ring verknotet. Alle fassen das Seil mit beiden Händen an, lassen es kreisen; alle „ziehen an einem Strick". Dann wird das Seil als Ring in die Mitte gelegt.*

„An einem Strick ziehen" – ein Kennzeichen von **Freunden und Freundinnen**; es wird zusammengetragen, was Freunde und Freundinnen zusammen tun: ... zusammen spielen, sich helfen, sich Geheimnisse anvertrauen, zusammen feiern, z.B. den Geburtstag.

*In die Mitte wird ein rundes Tuch gelegt. (Der Ring bleibt um das Tuch herum liegen.)* Das Tuch kann uns z.B. an einen Geburtstagskaffee erinnern.

(LIED: Vertrautes Geburtstagslied)

### 3. Jesus – ein echter Freund

Auch Jesus hatte Freunde und Freundinnen; zu seinen Freunden gehörten z.B. die Apostel. Für sie hatte Jesus viel Zeit; mit ihnen hat er auch gegessen und gefeiert.
*Für die* zwölf *Apostel werden* zwölf *Kugeln auf den Rand des runden Tuches gelegt.*
Am Abend vor seinem Tod war Jesus auch zusammen mit seinen FreundInnen.
*Die Jesus-Kerze wird angezündet und auf das runde Tuch gestellt.*
LIED: Zündet an das helle Licht, s. Nr. 22
Jesus spürt, dass er bald sterben muss. Und er sagt zu seinen Freunden: „Ihr werdet dann weglaufen, ihr werdet mich nicht mehr kennen wollen!"
Da springt Petrus, einer der Freunde, auf. *Alle stehen auf.* Und Petrus sagt: „Ich nicht!"
*Alle wiederholen dies.* „Ich bin dein Freund!" *Alle.*
Jesus aber sagt: „Noch ehe der Hahn zweimal kräht, wirst du mich dreimal verleugnen!" – *Stille.* –
*Dann LeiterIn/alle*: „Kikeriki, kikeriki!"

In der Nacht kommen die Soldaten und fesseln Jesus.
*Das Seil, das als Ring in der Mitte gelegen hat, wird zusammengeknotet und als Fessel um die Kerze gelegt.*
Die Freunde Jesu erschrecken sich; aus Angst laufen sie weg.
*Alle laufen auf ihren Plätzen.*
Petrus beobachtet noch, wie Jesus vor den Richter geführt wird. Im Hof des Richters ist eine Frau, die Petrus kennt; sie sagt zu ihm: „Du bist doch ein Freund von diesem Jesus!" Petrus aber hebt die Schultern. *Alle tun dies.* Dann sagt er ganz verlegen: „Ich weiß nicht!" Petrus will weggehen. Doch die Frau beobachtet ihn, zeigt mit dem Finger auf ihn und sagt zu den anderen: „Ein Freund von Jesus!" *Alle ebenso.* Petrus sagt: „Nein!"
Wenig später sagen andere Leute: „Petrus, wir haben dich bei Jesus gesehen! Du redest doch genauso wie Jesus! Du bist doch ein Freund von Jesus!"
Da stampft Petrus mit den Füßen auf die Erde. *Alle tun dies.* Und Petrus brüllt: „Nein! Lasst mich in Ruhe!"
Gleich darauf kräht der Hahn.

*LeiterIn/alle*: „Kikeriki, kikeriki!" – *Stille.*
Da erinnert sich Petrus an das, was sein Freund Jesus gesagt hatte. Und Petrus weint. – *Stille.*
LIED: Halte zu mir, guter Gott, s. Nr. 11

Danach ist Jesus verurteilt und getötet worden. Aber Gott hat Jesus wieder zum Leben auferweckt. Und Jesus hat wiederum seine Freundinnen und Freunde besucht, mit ihnen geredet und mit ihnen gegessen.
Einmal war auch Petrus dabei. Jesus geht auf Petrus zu und sagt zu ihm: – *Die Kinder werden eingeladen, Vermutungen zu äußern.*
Jesus redet nicht mehr davon, wie Petrus ...; Jesus ‚dreht Petrus keinen Strick' aus seinen Fehlern.
*Der Strick wird von der Kerze weggenommen und wiederum als Ring um das runde Tuch in der Mitte gelegt.*
Jesus sagt etwas ganz anderes zu Petrus; Jesus fragt Petrus: „Liebst du mich?!"
Und Petrus antwortet: „Ja, Herr, du weißt alles, du weißt auch, dass ich dich liebe! Du weißt, dass ich dein Freund bleiben will!"
Da sagt Jesus zu ihm: „Du bleibst mein Freund, Petrus! Lasst uns weiter zusammen ‚an einem Strick ziehen'!"
*Alle fassen den Strick an und singen:*
LIED: Freut euch alle, singt und spielt ... Gott ist unser Freund, Freund von dir, Freund von mir ..., nach der Melodie „Freut euch alle, singt und spielt", s. Nr. 6

- So ist Jesus: Er kann vergessen, er ist nicht nachtragend, er kann verzeihen; Jesus will unser Freund bleiben – auch wenn wir einmal etwas falsch gemacht haben.
  *Die Anwesenden legen mit* **Legematerial** *ein Zeichen für sich zwischen die Kugeln der Apostel und reihen sich so in den Kreis der FreundInnen Jesu ein.*

**4. Gemeinsames Gebet**
- Dank- und Fürbittgebet
- Vaterunser

**5. Zur Verabschiedung**
- Segensgebet/Segenslied
- Verabschiedung
- Schlusslied

**Materialien:**
Rundes Tuch, Strick (länger als der Umfang des Tuches), zwölf große Kugeln, Jesus-Kerze, Legematerial.

## 20. Damit hätte ich (bei Gott) nicht gerechnet Das Gleichnis von den Arbeitern im Weinberg (Mt 20,1–16)

**1. Zur (Ver-)Sammlung**
- Lied
- Begrüßung
- Kreuzzeichen

**2. Die (Turm-)Uhr misst Zeit, Arbeit und Geld**
- *Eine kleine* **Glocke** *wird in der Runde gezeigt und dann in die Mitte gestellt.*
  *Alle bilden einen engen Kreis um die Glocke und stellen mit ih-*

*ren Körpern den Glockenmantel und mit ihren Händen den Klöppel dar*: dong, dong.
Glocken laden ein zum Gottesdienst; sie „bestimmen“, wann ich aufstehen, zum Kindergarten, zur Schule muss, ... wie lange die Erwachsenen arbeiten müssen.

- Hört folgende **Geschichte**:

Es ist früh am Morgen, **erste** Stunde, die Uhr schlägt einmal. *Ein Glockenschlag.*
Ein Weinbauer geht auf den Marktplatz; er braucht Arbeiter und Arbeiterinnen für seinen Weinberg: „Für zwölf Stunden Arbeit bekommt ihr als Lohn einen Denar!“ Die Leute sind einverstanden und gehen in den Weinberg. *Mit den Fingern wird gezeigt: zwölf Stunden Arbeit – ein Denar.*
**Sechs** Stunden später; die Uhr schlägt sechsmal. *Sechs Glockenschläge.*
Der Weinbauer geht nochmals auf den Marktplatz und sucht Arbeiter und Arbeiterinnen: „Ich habe Arbeit für euch! Ihr bekommt einen gerechten Lohn!“ Die Leute sind einverstanden und gehen zur Arbeit. *Alle gehen auf ihren Plätzen.*
Inzwischen sind **elf** Stunden vergangen; die Uhr schlägt elfmal. *Elf Glockenschläge.*
Die Arbeiterinnen und Arbeiter im Weinberg haben schon viel gearbeitet und viel geschwitzt. Da geht der Weinbauer nochmals auf den Markt und findet dort nochmals Leute; diese sagen: „Wir sind arbeitslos!“ Da antwortet der Weinbauer: „Geht auch ihr in meinen Weinberg!“ Und die Leute gehen in den Weinberg; sie arbeiten noch eine Stunde. *Dies wird mit den Fingern gezeigt.*

- Dann ist der Tag vorbei; die Uhr schlägt zwölfmal. **Zwölf** *Glockenschläge.*

Die Arbeiterinnen und Arbeiter kommen aus dem Weinberg, um ihren Lohn in Empfang zu nehmen.
Der Weinbauer ruft zuerst diejenigen, die nur **eine** Stunde gearbeitet haben.
*Zwei Personen kommen in die Mitte; und sie öffnen ihre Hände.*
Der Weinbauer gibt jedem einen Denar. *Die beiden erhalten je einen Edelstein.*
*Es wird mit Fingern gezeigt: eine Stunde Arbeit – ein Denar Lohn.*

Dann ruft der Weinbauer diejenigen, die **sechs** Stunden gearbeitet haben.
*Zwei Personen kommen in die Mitte und erhalten je einen Edelstein.*
*Es wird mit Fingern gezeigt: sechs Stunden Arbeit – ein Denar Lohn.*
Dann ruft der Weinbauer diejenigen, die **zwölf** Stunden gearbeitet haben.
*Zwei Personen kommen in die Mitte, öffnen ihre Hände und erhalten ebenfalls je einen Edelstein.*
Auch diese Arbeiter und Arbeiterinnen erhalten einen Denar, wie es am Morgen vereinbart worden war.
*Es wird mit Fingern gezeigt: zwölf Stunden Arbeit – ein Denar Lohn.*
Da sagen die einen zu den anderen: *Die Anwesenden äußern Vermutungen.* „Das ist ungerecht! Wir haben mehr gearbeitet! Das hätte ich nicht gedacht! ..." Einige sind jedoch ganz glücklich und sagen: „Jetzt können wir endlich Essen für unsere Kinder kaufen! ..."

**3. Gott rechnet nicht, Gott ist großzügig!**

Keiner von uns oder nur wenige von uns haben so etwas schon einmal erlebt ...!
Wir machen vielmehr die Erfahrung: Wer viel arbeitet, bekommt viel Geld; wer nur wenig arbeitet, bekommt nur wenig Geld.
Die Geschichte, die wir eben gehört haben, hat Jesus erzählt. Er wollte mit dieser Geschichte deutlich machen, wie Gott ist.
*Die Jesus-Kerze wird angezündet, im Kreis herumgetragen, dann in die Mitte gestellt.*
Dabei:
LIED: Zündet an das helle Licht, s. Nr. 22
Bei Gott geht es anders zu als normalerweise bei uns Menschen. Gott braucht keine (Turm-)Glocke, keine Uhr! *Die Glocke wird aus der Mitte genommen.*
Gott rechnet uns nichts vor, sondern Gott ist großzügig mit uns. Gott entlohnt nicht, Gott beschenkt uns.
*Ein Beutel mit Halbedelsteinen wird zur Jesus-Kerze gelegt und teilweise ausgeschüttet.*

Gott ist gut zu uns allen; Gott liebt alle Menschen; seine Liebe ist unbegreifbar groß!
LIED: Gottes Liebe ist so wunderbar, s. Nr. 8

- *Auch diejenigen, die nicht die ArbeiterInnen gespielt haben, erhalten nun einen Halbedelstein.*
  *Alle erhalten* **Legematerial** *und ein rundes Deckchen, auf dem sie ihren Edelstein verzieren können.*
  LIED: Gottes Liebe ist so wunderbar, s. Nr. 8

**4. Gemeinsames Gebet**
- Dank- und Fürbittgebet
- Vaterunser

**5. Zur Verabschiedung**
- Segensgebet/Segenslied
- Verabschiedung
- Schlusslied

**Materialien:**
Halbedelsteine (oder Vergleichbares) in einem Säckchen zum Verschenken an alle, Legematerial, Jesus-Kerze, kleine Platzdeckchen, Glocke.

# 21. Von Blumen, von Gott und von mir Das Bildwort von den Lilien auf dem Feld (Mt 6,28–30)

*Alle haben ihre Blume zunächst unter den Stuhl gelegt.*

## 1. Zur (Ver-)Sammlung

- Lied
- Begrüßung
- Kreuzzeichen

## 2. Eine Blume im Sonnenlicht

- *LeiterIn entfaltet am Boden ein gelbes Tuch und hebt es hoch:* Die Sonne geht auf. *Alle ahmen diese Geste nach.*
  *Diese Bewegung wird durch eine aufsteigende Tonfolge (auf Gitarre oder Märchenharfe = Pentatonische Leier) hörbar gemacht.*
  *Dann hocken sich alle auf den Boden und machen sich klein:* „Schlafende Blumen bei Nacht". *LeiterIn geht mit dem gelben Tuch an den TeilnehmerInnen vorbei: Alle stehen auf und „entfalten sich":* Die Sonne weckt am Morgen die Blumen auf.
  *Das gelbe Tuch wird rund gefaltet in die Mitte gelegt:* Sonne.
- *Alle nehmen ihre Blume in die Hand und betrachten sie.*
  Die unterschiedlichen Farben werden benannt; Einzelne zeichnen die Formen der (Blüten-)Blätter in die Luft. Wenn die Blume reden könnte, würde sie sagen: …
  Die Namen der Blumen werden (soweit bekannt) genannt.
  *Jeder erhält ein Platzdeckchen und legt es vor seinen Platz (unter die Sonne); darauf die Blume.*

## 3. Wir alle unter Gottes Sonne!

- Ich will euch jetzt eine Geschichte von Jesus erzählen.
  *Die Jesus-Kerze wird angezündet und im Kreis herumgetragen;* dabei
  LIED: Zündet an das helle Licht, s. Nr. 22
  *Die Kerze wird auf das gelbe Tuch gestellt.* Einmal geht Jesus mit seinen Freunden und Freundinnen spazieren; plötzlich

bleibt er stehen; er nimmt eine Lilie, eine besonders prachtvolle Blume, in die Hand und sagt: „Betrachtet die Lilien auf dem Feld, ihren Duft, ihre Farben, ihre Pracht! Doch seht: Die Lilien arbeiten nicht, sie müssen nicht zur Schule, sie müssen nicht lernen! Aber sie sind dennoch so wunderbar schön! Nicht einmal der König Salomo in all seiner Pracht war so wunderbar gekleidet wie diese Lilien!
Seht also: Gott kleidet die Lilien ganz wunderbar. (Ja Gott kleidet sogar das Gras auf der Wiese, das heute noch wächst und morgen schon abgemäht wird!)"
*Alle erhalten* **Legematerial** *und verzieren ihre Blume.*
Jesus sagt weiter: „Ihr seht, wie prächtig Gott die Pflanzen kleidet. Wenn nun Gott die Pflanzen schon so prächtig kleidet, dann sorgt er sich noch viel mehr um euch Menschen.
Ihr braucht also nicht so besorgt und ängstlich zu sein! Gott hat euch gern! Gott sorgt für euch! Ihr seid Gott ans Herz gewachsen; Gott freut sich über euch noch viel mehr als über die schönen Blumen! Gott liebt euch mit seiner riesengroßen Liebe."
LIED: Gottes Liebe ist wie die Sonne, s. Nr. 9. *Alternative*: Ein kleiner Spatz zur Erde fällt, z.B. in „Liederbuch zum Umhängen", Nr. 21
*Nacheinander erhält jeder einen Stoffstreifen und macht damit sichtbar, wie ein Lichtstrahl auf die Blume seines linken Nachbarn fällt:* N.N., Gottes Sonne scheint auch auf dich!
LIED: Gottes Liebe ist wie die Sonne, s. Nr. 9

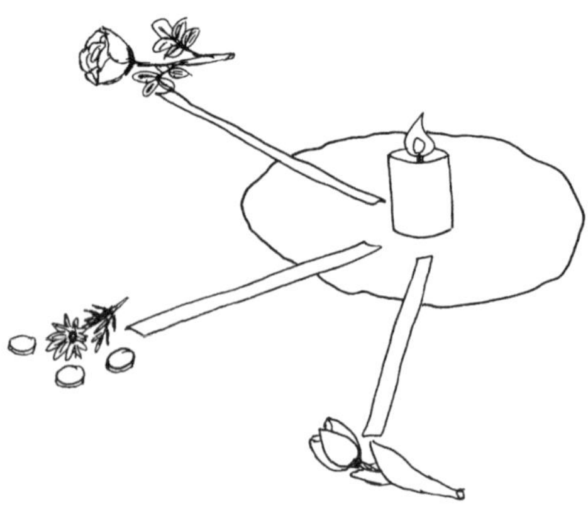

**4. Gemeinsames Gebet**
- Dank- und Fürbittgebet
- Vaterunser

**5. Zur Verabschiedung**
- Segensgebet/Segenslied
- Verabschiedung
- Schlusslied

**Materialien:**
Jesus-Kerze, gelbes Tuch, Stoffstreifen, Platzdeckchen, Legematerial, (Blumen).
Alle sind eingeladen, eine Blume mitzubringen.

# IV. OSTERN – DER GROSSE WENDEPUNKT

## 22. Jesus lädt ein zum Abendmahl Gottesdienst an Gründonnerstag (Lk 22,14–20; Joh 13,1–20)[7]

### 1. Zur (Ver-)Sammlung

- Lied
- Begrüßung
- Kreuzzeichen

### 2. Eingeladen

- *LeiterIn entfaltet ein großes rundes Tuch; alle fassen es an, lassen es nach rechts und nach links kreisen ...; schließlich wird das Tuch in die Mitte gelegt; alle versammeln sich um das runde Tuch zu einem großen Kreis.*
  Das runde Tuch kann uns erinnern an Scheibe, Sonne, ... heute soll uns das Tuch an einen **Tisch** erinnern, an dem wir versammelt sind. Wir wollen diesen Tisch schmücken zu einem Fest.
  *Alle erhalten* **Legematerial** *(wenige Teile), um den Rand des Tisches zu schmücken.*
  Lasst uns gemeinsam Platz nehmen an diesem schön geschmückten Tisch. *LeiterIn lädt ein, nacheinander dem rechten Nachbarn die Hand zu reichen, LeiterIn beginnt.*
  LIED: Setz' dich zu mir an meinen Tisch, s. Nr. 16, 1. Str.
- Jesus hat oft Menschen besucht und mit ihnen gegessen; oft hat er Menschen eingeladen.
  Heute erinnern wir uns an ein besonderes Abendessen:
  Wir erinnern uns an das letzte Abendmahl, das Jesus vor seinem Tod mit seinen Freunden gefeiert hat. „Deckt den Tisch! Macht alles schön!", sagt Jesus. Und sie decken den Tisch. *Brot und Traubensaft werden auf den Tisch gestellt.*
  Die engsten Freunde von Jesus kommen und nehmen Platz.

7 Die Gottesdienstvorschläge Nr. 22 und 23 enthalten Elemente aus: Blechschmidt/Kaufmann/Fackler, Heute noch muß ich bei dir zu Gast sein. Kommunionkurs für Kinder und Gemeinde, RPA-Verlag, Landshut, S. 148–164.

Und Jesus kommt hinzu und setzt sich zu ihnen.
*Die Jesus-Kerze wird angezündet, im Kreis herumgetragen und auf den Tisch gestellt.* Dabei
LIED: Zündet an das helle Licht, s. Nr. 22
„Kommt, setzt euch zu mir an meinen Tisch, ich lade euch ein!", so sagt Jesus zu seinen Freunden. So sagt Jesus auch zu uns.
*Becher werden ausgeteilt; jeder stellt für sich einen Becher auf den Tisch.*
LIED: Setz' dich zu mir, s. Nr. 16, 1.–3. Str.

**3. Eingeladen zu Jesu Abendmahl**

- Bevor sie mit dem Essen anfangen, tut Jesus etwas ganz Außergewöhnliches:
Er zieht eine Schürze an und gießt Wasser in eine Schüssel; dann kniet er sich vor seine Jünger und wäscht ihnen die Füße.
In Erinnerung daran werden jetzt einige Erwachsene allen die Hände waschen.
*Erwachsene tun dies mit Worten wie:*
N.N., Jesus hat dich gern! Er lädt auch dich ein zu seinem Abendmahl! *Dabei leise Musik.*
Dann setzt sich Jesus wieder an den Tisch und sagt:
„Ich, euer Herr und Meister, habe euch die Füße gewaschen. Warum habe ich das wohl getan?" *Die Kinder nennen Vermutungen.*
Jesus sagt: „Ich wollte euch heute Abend daran erinnern, dass ich euch gern habe. Und Gott hat euch gern, so gern wie ein guter Vater, wie eine gute Mutter. Gott hat euch gern – auch wenn ihr dreckige Füße, auch wenn ihr ‚dreckige Finger' habt. Vergesst das nicht!
Ich habe euch ein Beispiel gegeben: Ihr sollt liebevoll miteinander umgehen!
Gott liebt euch. Und ihr sollt einander lieben!"
LIED: Gottes Liebe ist so wunderbar, s. Nr. 8
- Dann tut Jesus noch etwas Besonderes:
Er nimmt das **Brot** in seine Hände, spricht das Dankgebet und teilt das Brot. *LeiterIn teilt das Brot.* Dann reicht Jesus seinen Jüngern von diesem Brot und sagt:
„Das ist mein Leib, der für euch hingegeben wird; nehmt und

esst alle davon! Denn ich will euch das Brot des Lebens geben. Ich selbst bin das Brot des Lebens."
*LeiterIn bittet, mit den Händen eine Schale zu bilden; dann teilt er/sie das Brot aus, und alle essen von dem Brot.*

- Danach nimmt Jesus auch den Becher mit **Wein** in seine Hände und spricht nochmals ein Dankgebet. *LeiterIn nimmt den Krug mit Traubensaft in die Hand.*
  Jesus schenkt seinen Freunden Wein ein und sagt: „Nehmt und trinkt von diesem Wein. Dieser Wein soll euch daran erinnern, dass ich mit euch verbunden bleiben will. Ich schließe einen Bund mit euch. Ich lasse euch nie allein!"
  *LeiterIn schenkt allen Traubensaft ein; alle trinken.*
- LIED: Gottes Liebe ist so wunderbar, s. Nr. 8

**4. Gemeinsames Gebet**

- Dank- und Fürbittgebet
- Vaterunser

**5. Zur Verabschiedung**

- Segenslied
- Verabschiedung und eventuell Einladung zum Karfreitagsgottesdienst
- Schlusslied

**Materialien:**
Großes rundes Tuch, Legematerial, Brot bzw. Trockenkuchen, den die Kinder mögen, Krug mit Traubensaft, Becher für alle, Waschgarnitur (je nach Teilnehmerzahl mehrfach), Jesus-Kerze.

## 23. Jesus geht den Kreuzweg Gottesdienst an Karfreitag (Lk 22f)

*Alle haben ihren grünen Zweig zunächst unter den Stuhl gelegt.*

**1. Zur (Ver-)Sammlung**
- Lied
- Begrüßung
- Kreuzzeichen

**2. Wir erinnern uns an Jesu Abendmahl**
- *LeiterIn entfaltet ein kleines rundes Tuch und legt es in die Mitte. Die Anwesenden werden eingeladen zu sagen, was ihnen dazu in den Sinn kommt*: ... Scheibe, Brot, **Tisch**.
  Dieses runde Tuch soll uns heute (nochmals) an Jesu Abendmahl erinnern.
  *Die Kinder werden eingeladen zu erzählen, was sie wissen. LeiterIn ergänzt.*
  *Für die zwölf Jünger werden zwölf Kugeln auf den Rand des Tuches gelegt.*
  *Eine Scheibe Brot auf einem Teller wird auf das Tuch gelegt.*
  Zum Abendmahl kommt Jesus zu seinen Jüngern an den Tisch.
  *Die Jesus-Kerze wird angezündet, im Kreis herumgetragen und dann auf das Tuch gestellt. Dabei:*
  LIED: Zündet an das helle Licht, s. Nr. 22
- Jesus weiß, dass dieses Essen sein letztes Mahl mit seinen Freunden ist. Er weiß, er wird sterben müssen. Nochmals will er ihnen zeigen, dass er sie gern hat.

Deshalb nimmt er das Brot in seine Hand, spricht ein Dankgebet und teilt es.
*LeiterIn teilt das Brot.* Dann gibt er jedem von dem Brot und sagt:
„Nehmt und esst alle davon. Das ist mein Leib für euch.
Ich will euch das Brot des Lebens geben; ich selber bin das Brot des Lebens."
LIED: Gottes Liebe ist so wunderbar, s. Nr. 8

**3. Wir beten mit Jesus im Ölgarten**

Nach dem Abendmahl geht Jesus zusammen mit einigen Freunden in einen Garten auf dem Ölberg. *Ein grünes Tuch wird an den Tisch gelegt.*
In diesem Garten war Jesus schon oft mit seinen Freunden und Freundinnen; oft war es hier sehr schön. Doch heute ist es anders: Es ist Nacht, es ist dunkel.
*Mit einem schwarzen Tuch wird das grüne Tuch zum großen Teil verdeckt.*
Jesus kommt in den Garten. *Die Jesus-Kerze wird auf das schwarze Tuch gestellt.*
Jesus hat Angst. Er betet zu Gott: „Vater, lass den schweren Kelch an mir vorübergehen!"
Dann geht Jesus zu seinen Freunden zurück; die aber sind eingeschlafen.
Jesus sagt zu ihnen: „Konntet ihr nicht eine Stunde mit mir wach bleiben?"
Und Jesus geht zurück; er zittert und fällt zu Boden. *Ein großer Stein wird zur Kerze gelegt.*
Aus tiefstem Herzen betet Jesus: „Vater, lass diese schwere Nacht an mir vorübergehen!"
Doch dann sagt er: „Vater, aber nicht mein Wille, sondern dein Wille soll geschehen!"

Auch wir kennen Menschen, die im Dunkeln leben; wir kennen Menschen, denen es schlecht geht.
Ich lade euch ein, für diese Menschen zu beten und Fürbitte zu halten. *Die Anwesenden werden eingeladen, Personen bzw. Personengruppen zu nennen. Nach einer kurzen Zeit des stillen Gebetes wird jeweils ein Licht an der Jesus-Kerze angezündet*

*und auf das schwarze Tuch gestellt.* Danach jeweils:
RUF: Jesus von Nazareth, hilf ihnen, Herr!, s. Nr. 13

- Nachdem Jesus gebetet hat, kommt ein Engel Gottes und stärkt ihn. Gott gibt Jesus neue Kraft; Gott stärkt Jesus so den Rücken. *LeiterIn lädt ein, nacheinander dem rechten Nachbarn die Hand auf die Schulter zu legen. LeiterIn beginnt.* So bekommt Jesus Kraft, dass er durch die Nacht hindurchgehen kann.
LIED: Gottes Kraft geht alle Wege mit, s. Nr. 7

**4. Jesus wird zum Tod verurteilt und gekreuzigt**

- Da hört man schon die Soldaten. *Alle stampfen mit den Füßen.* Die Soldaten haben Knüppel und Fackeln in der Hand. Bei ihnen ist Judas. Judas geht auf Jesus zu, umarmt ihn und küsst ihn. Judas hat diesen Kuss nicht ehrlich gemeint; vielmehr wollte er mit diesem Kuss Jesus verraten. So kommen die Soldaten und fesseln Jesus.
*Alle halten ihre Hände so, als wären sie gefesselt. Ein Seil wird verknotet und zur Kerze gelegt.*
- Darüber ist einer ganz empört: **Petrus**, ein Freund von Jesus. Er springt auf, zieht sein Schwert aus der Scheide und will zuschlagen. *Alle stehen auf und halten ihre Hände so, als wollten sie mit einem Schwert zuschlagen.* Doch ganz ruhig geht Jesus auf Petrus zu und sagt: „Steck dein Schwert in die Scheide, Petrus! Du weißt doch: Wer zuschlägt, der wird selbst geschlagen! Und vergiss nicht: Gott könnte mir Millionen Engel schicken, um mich zu schützen; Gott ist stärker! – Aber Gott will keine Gewalt!" *Alle setzen sich wieder.*
- Gefesselt führen die Soldaten Jesus durch die Nacht zum Richter Pilatus.
Pilatus soll Jesus zum Tod verurteilen: „Weg mit diesem Jesus! Ans Kreuz mit ihm!" Und so gibt der Richter schließlich nach und sagt: „Nehmt den Jesus – ich hab nichts mit ihm zu tun!"
Jesus soll außerhalb der Stadt an ein Kreuz geschlagen werden; so führen die Soldaten Jesus durch das Stadttor hinaus. *Zwei braune Tücher werden als Weg an den Garten gelegt.*
Der Weg ist steinig, hart und schwer. *Steine werden auf den Weg gelegt.*

So beginnt Jesus seinen Kreuzweg. *Die Jesus-Kerze wird an den Anfang des Weges gestellt.*

Jesus trägt selber sein schweres Kreuz auf der Schulter.

*Ein weiteres braunes Tuch wird quer zu dem Weg gelegt, sodass ein Kreuz entsteht.*

Auf dem Kopf trägt Jesus eine Krone aus Dornen. Die Soldaten hatten ihm diese Krone auf den Kopf gesetzt, um ihm wehzutun und ihn auszulachen.

*Einige Dornenzweige werden auf der Mitte des Kreuzes zu einer Krone gelegt.*

So beginnt Jesus seinen schweren Weg. Rechts und links vom Weg stehen Leute und schauen zu; manche lachen und sagen: „Hilf dir doch selbst!"

Andere sind sehr traurig; sie schauen auf Jesus und haben Mitleid mit ihm.

- Da ist z.B. ein Mann, **Simon von Cyrene** heißt er.

  Müde von der Arbeit kommt er zufällig vorbei und will nach Hause. *Alle machen müde Gehbewegungen.* Die Soldaten rufen ihn herbei: „Komm und hilf!" *Alle wiederholen.* Simon von Cyrene packt an und hilft Jesus. *Ein Mann legt eine Blume zur Kerze.*

  LIED: Halte zu mir, guter Gott, s. Nr. 11

  *Die Kerze wird ein wenig weitergerückt.*

- Und ein **Kind** steht am Weg, ein jüdisches Mädchen, Judith wird sie gerufen.

  Sie schaut Jesus an, sie sieht, wie er schwitzt. Am liebsten würde sie schreien: „Aufhören!" *Alle tun dies.* Aber sie traut sich nicht. Doch sie hat eine Idee. Sie läuft zwischen den Leuten hindurch direkt auf Jesus zu und bringt ihm einen Becher voll Wasser. So kann Jesus seinen Durst ein wenig löschen. *Ein Kind legt eine weitere Blume zur Kerze.*

  LIED: Halte zu mir, guter Gott, s. Nr. 11

  *Die Kerze wird wieder weitergerückt.*

- Am Kreuzweg steht auch **Maria**, die Mutter von Jesus. Sie sieht Jesus unter dem schweren Kreuz; Maria ist verzweifelt und weint. Doch sie läuft nicht weg, sondern geht auf Jesus zu, nimmt ihn in ihre Arme und drückt ihn. *Eine Frau legt eine dritte Blume zur Kerze.*

LIED: Halte zu mir, guter Gott, s. Nr. 11

*Die Kerze wird nochmals weitergerückt.*

Schließlich kommt Jesus auf dem Berg an, wo er gekreuzigt werden soll. Dieser Berg heißt Golgota. *Die Kerze wird in die Dornenkrone gestellt.*

Auf dem Berg Golgota reißen die Soldaten Jesus die Kleider vom Leib. Dann schlagen sie Jesus ans Kreuz.

Manche Menschen lachen noch immer über Jesus. Jesus aber schaut sie an und betet:

„Vater, vergib ihnen, denn sie wissen nicht, was sie tun!"

Schließlich hat Jesus keine Kraft mehr; er ruft: „Vater, in deine Hände empfehle ich meinen Geist!" Dann neigt er seinen Kopf und stirbt.

*LeiterIn bläst die Kerze aus. – Stille.*

An den Tod Jesu am Kreuz erinnern viele Kreuzesdarstellungen; wir kennen Kruzifixe in der Kirche, an Wegen (und hier in diesem Raum); in vielen Wohnungen hängen Darstellungen von Jesus am Kreuz.

Ich lasse jetzt ein Kreuz im Kreis herumgehen, damit wir es in Ruhe betrachten können.

*Ein Kruzifix wird im Kreis herumgereicht. Leise Musik.*

*Dann wird das Kruzifix vor die Kerze auf den Dornenkranz gelegt.*

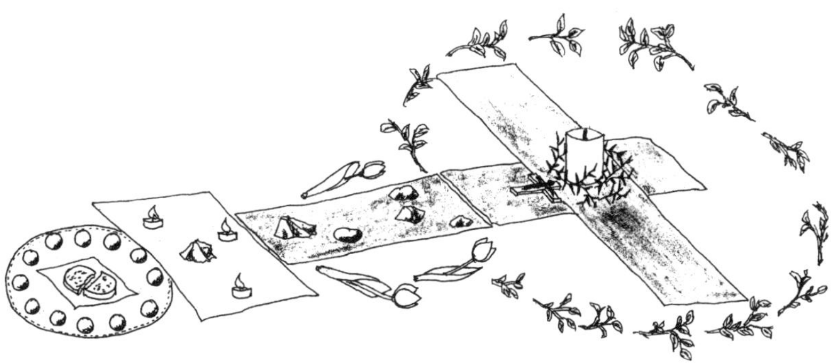

**5. Wir verehren Jesus am Kreuz**

- Wir glauben daran, Gott hat Jesus nicht am Kreuz „hängen lassen". Wir glauben daran, Gott hat Jesus von den Toten auferweckt; das feiern wir an Ostern. Wir glauben daran, dass Jesus ein neues, anderes Leben hat und heute noch lebt.
  Der Baum des Kreuzes wird zu einem Baum des Lebens.
  Darum wollen wir dieses Kreuz schmücken mit lebendigen grünen Zweigen.
  Wir wollen einen großen Kranz aus grünen Zweigen um das Kreuz legen.
  *Nacheinander werden die mitgebrachten Zweige zu einem Kranz um das Kreuz gelegt.* Währenddessen:
  LIED: Baum des Kreuzes (V/A), s. Nr. 1
- Wir sehen das geschmückte Kreuz. Es erzählt von Jesus; es ist ein Zeichen für Jesus.
  Das Kreuz ist aber auch ein Zeichen für alle Menschen, die an Jesus Christus glauben und ihm vertrauen.
  Deswegen machen wir z.B. vor jedem Gottesdienst ein Kreuzzeichen.
  Und mit einem Kreuzzeichen wollen wir diesen Gottesdienst heute auch beenden.
  *Alle machen ein Kreuzzeichen.*
  LIED: Baum des Kreuzes, s. Nr. 1
  *Es werden (stehend einen Baum und/oder Kreuz darstellend) mehrere Strophen im Wechsel gesungen und gesummt.*
  (*Mit diesem Lied endet der Gottesdienst; der sonst übliche Schlussritus entfällt.*)

**Materialien:**
Kleines rundes Tuch, zwölf Kugeln, eine Scheibe Brot auf einer Schale, ein grünes, ein schwarzes und drei braune Tücher, Opferlichter, dicker Stein, Jesus-Kerze, kleiner Strick, Schale mit kleinen Steinen, Kruzifix; drei einzelne Blumen, Dornen, (grüne Zweige).
Alle sind eingeladen, einen grünen Zweig mitzubringen.

## 24. Jesus auf dem Weg nach Emmaus Gottesdienst in der Osterzeit (Lk 24,13–35)

*Jeder hat eine Blume.*

### 1. Zur (Ver-)Sammlung

- Lied
- Begrüßung
  *Nach der Begrüßung durch den/die LeiterIn begrüßt jeder seine Nachbarn mit einer Blume; danach werden die Blumen vor den eigenen Platz gelegt.*
- Kreuzzeichen

### 2. Erfahrungen mit offenen und geschlossenen Toren

- *In eine Ecke der Mitte wird mit gelben Tüchern ein großes* **offenes** *Tor gelegt.*
  *Die TeilnehmerInnen stellen (einzeln und gemeinsam) offene Tore dar.*
  Es wird zusammengetragen, was offene Tore ausdrücken: … Komm herein! Willkommen!
  *In die andere Ecke der Mitte wird mit braunen Tüchern ein kleineres Tor gelegt, das mit einem Querbalken (= schwarzes Tuch)* **verschlossen** *wird.*
  Eindrücke von verschlossenen Toren werden geäußert: … verschlossen; Angst; bleib weg!
  *Zwischen beiden Toren wird aus zwei Stricken ein* **Weg** *gelegt. Einzelne gehen diesen Weg in die eine bzw. in die andere Richtung.* „Wegerfahrungen" werden mitgeteilt.
- Solche oder ähnliche Erfahrungen haben wohl auch zwei Freunde von Jesus gemacht, als Jesus gestorben war. An den Tod Jesu haben wir uns ja an Karfreitag erinnert …
  Als Jesus tot war, waren viele von seinen Freundinnen und Freunden sehr traurig. Sie hatten große Angst. Viele hatten sich in ihren Häusern versteckt und die Türen fest verschlossen. *Mit Gesten wird dies dargestellt.*
  Manche wollten einfach weg. Traurig und müde machten sie

sich auf den Weg nach Hause. *Alle machen müde Gehbewegungen auf ihren Plätzen.*

**3. Jesus lebt, wir haben ihn gesehen!**

Einmal waren auch zwei Freunde von Jesus unterwegs von der Stadt Jerusalem in das Dorf Emmaus. Auch sie sind müde und traurig. Sie reden miteinander über den Tod von Jesus.
Doch plötzlich kommt Jesus zu ihnen und geht mit ihnen.
*Die Jesus-Kerze wird angezündet und in der Nähe des dunklen Tores auf den Weg gestellt.*
LIED: Zündet an das helle Licht, s. Nr. 22
Die beiden aber erkennen ihren Freund Jesus nicht. Jesus redet sie an und fragt: „Ihr Männer, warum lasst ihr den Kopf so hängen? Warum seid ihr so traurig?"
Da bleiben die beiden enttäuscht stehen und schauen Jesus fragend in die Augen. *Stille.* Dann erzählen sie von dem Tod Jesu am Kreuz. Sie sagen, wie enttäuscht, wie traurig sie sind: „Es war so schön mit Jesus! Jesus hat uns von dem guten Gott erzählt! Jesus hat uns gern gehabt! Nun aber ist Jesus tot; drei Tage schon liegt er im Grab!"
Jesus hört den Männern zu; und Jesus geht mit ihnen und versucht, sie zu verstehen und zu trösten. *Die Kerze wird ein wenig weitergerückt.*
Während sie so reden, wird es später; es wird Abend. Und sie erreichen auch das Dorf Emmaus, wohin sie unterwegs sind. *Die Kerze wird vor das helle Tor gestellt.*
Da sagen die Männer zu Jesus: „Es ist schon spät, bald wird es dunkel. Geh doch mit uns nach Hause!" Und sie bitten ihn: „Bleibe bei uns!" *Alle wiederholen*: „Bleibe bei uns!"

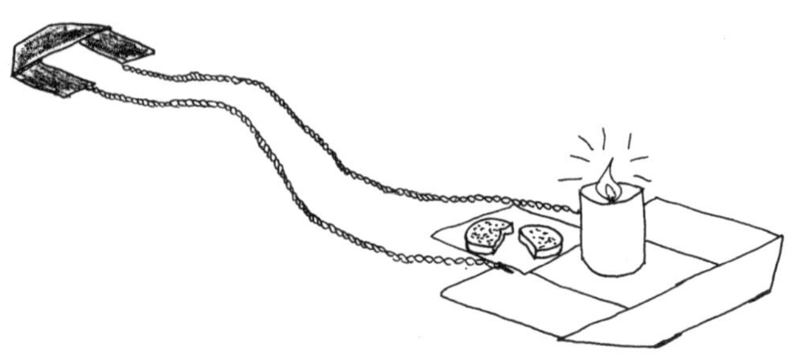

Und Jesus geht mit ihnen in ihr Haus. *Die Kerze wird in das helle Tor gestellt.*
Und sie setzen sich zusammen an den Tisch, um zu Abend zu essen. *Eine Scheibe Brot wird zur Kerze gelegt.*
Da nimmt Jesus das Brot in seine Hände, segnet es, spricht ein Dankgebet, teilt das Brot in mehrere Teile und gibt jedem der beiden etwas zu essen. *LeiterIn teilt das Brot.*

- Da gehen den Männern plötzlich die Augen auf. Sie erinnern sich an Jesus und an die vielen schönen Begegnungen mit ihm. Und sie erkennen Jesus und sagen: „Es ist Jesus!" *Alle wiederholen.* „Jesus lebt!" *Alle nochmals.*
LIED: Halleluja-Tanz, s. Nr. 21
Und die Jünger laufen zurück zu den anderen Freundinnen und Freunden von Jesus und sagen: Jesus lebt. Wir sind ihm begegnet! *Alle laufen auf ihren Plätzen. Der Querbalken vor dem dunklen Tor wird weggenommen.*
Einer sagt es dem anderen. Und so verbreitet sich die gute Nachricht bald in der ganzen Stadt. *Einer reicht dem anderen die Jesus-Kerze mit den Worten:* „Jesus lebt! Halleluja!"
*Je drei bis vier Personen gestalten gemeinsam mit* **Legematerial** *vor ihren Plätzen ein offenes Tor und schmücken dies mit ihren Blumen.*
LIED: Halleluja-Tanz, s. Nr. 21

### 4. Gemeinsames Gebet

- Dank- und Fürbittgebet
*Nach jedem Gebetsruf wird an der Jesus-Kerze eine Kerze angezündet und in eines der Tore gestellt.*
- Vaterunser
- Die zwei Männer haben Jesus erkannt, als er das Brot geteilt und mit ihnen gegessen hat.
Deswegen wollen wir das Brot in unserer Mitte teilen und es dann gemeinsam essen. *Dies wird getan.*

### 5. Zur Verabschiedung

- Segensgebet/Segenslied
- Verabschiedung und Osterwunsch
- Schlusslied: Halleluja-Tanz, s. Nr. 10

**Materialien:**
Je zwei bis drei gelbe und braune Tücher, ein schwarzes Tuch, zwei Seile, Legematerial, Jesus-Kerze, eine Scheibe Brot bzw. Osterzopf auf einer Schale, Opferlichter, (Blumen).
Alle sind eingeladen, eine Blume mitzubringen.

## 25. Der lebendige Jesus am See Gottesdienst in der Osterzeit (Joh 21,1–14)

### 1. Zur (Ver-)Sammlung

- Lied
- Begrüßung
- Kreuzzeichen

### 2. In der Mitte: ein See

*Zwei blaue Tücher werden wellig in die Mitte gelegt.* Sie können erinnern an ... Himmel, Wasser, Teich. Heute sollen sie uns an einen **See** erinnern.
Die Kinder werden eingeladen zu erzählen und mit Gesten zu zeigen, was man in einem See machen kann: ... schwimmen, rudern, (mit Netz oder Angel) Fische fangen.
Um den See herum wohnen Menschen. *Mehrere (doppelt gefaltete) Tücher werden als* **Häuser** *um den See gelegt.*
So wie die Menschen um den See herum wohnen, sind wir heute Morgen in einem großen Kreis versammelt: *Alle reichen sich die Hände.*

### 3. Der lebendige Jesus bei den Fischern am See

- In einem dieser Häuser wohnt der Fischer Thomas und seine Familie; in einem anderen Haus der Fischer Simon Petrus und seine Familie. Sie sind Freunde von Jesus. Aber Jesus ist ja am Kreuz gestorben. *Die Kinder können erzählen.* Deswegen sind die Freunde und Freundinnen von Jesus sehr traurig; immer wieder müssen sie davon erzählen. Sie sind müde und haben keine Kraft mehr. *Alle lassen Kopf und Arme hängen. In jedes Haus wird ein Stein gelegt.*

An einem Morgen sagt Simon Petrus: „Ich gehe fischen." „Wir kommen mit", antworten die anderen. Mit ihrem Boot rudern sie hinaus auf den See. *Ruderbewegungen.*

Aber sie fangen in dieser Nacht keinen einzigen Fisch. *Alle zeigen leere Hände.* „Auch das noch!" Enttäuscht gehen sie zurück in ihre Häuser. *Alle machen müde Gehbewegungen auf ihren Plätzen.*

Doch – am Ufer steht **Jesus**. *Die Jesus-Kerze wird angezündet, im Kreis herumgetragen und dann an den See gestellt.* Dabei:

LIED: Zündet an das helle Licht, s. Nr. 22

Aber die Fischer – mit ihren leeren Booten und ihren traurigen Augen – erkennen Jesus nicht, so enttäuscht sind sie.

Jesus fragt sie: „Habt ihr nichts zu essen?" – „Warum muss der das jetzt fragen!" Kurz und knapp antworten sie: „Nein."

Dann sagt Jesus zu ihnen: „Werft das Netz auf der rechten Seite des Bootes aus, und ihr werdet viele Fische fangen!" Sie rudern wieder auf den See hinaus. *Ruderbewegungen.*

Da passiert etwas Wunderbares: Es gibt viele, viele Fische! Die Netze werden voll, prallvoll! Mit aller Kraft müssen die Fischer die Netze wieder in ihr Boot ziehen. *Alle machen entsprechende Bewegungen.* Das Boot wird bis oben hin voll mit Fischen!

Da ruft einer der Fischer: „Das ist doch Jesus!" *Alle wiederholen.* „Ja, er ist es!" *Alle nochmals.* Ganz außer sich springt Simon Petrus ins Wasser und schwimmt an Land; er will zu Jesus. *Heftige Schwimmbewegungen.* Bald kommen auch die anderen Fischer mit ihrem voll beladenen Boot: 153 große Fische haben sie gefangen!

Auch sie erkennen jetzt Jesus: „Jesus ist da!" *Alle wiederholen.* „Jesus lebt." *Alle ebenso.*

LIED: Halleluja-Tanz, s. Nr. 10

*Und Jesus sagt: „Kommt und esst!" Ein* **Brot** *wird neben die Kerze gelegt.* Jesus nimmt das Brot, segnet es, teilt es und gibt es ihnen. *LeiterIn teilt das Brot.* Jetzt erinnern sich die Fischer

an das letzte Abendmahl mit Jesus, und sie freuen sich riesig. Und Petrus und Thomas und alle anderen laufen in alle Häuser. *Laufbewegungen.* Überall erzählen sie: „Jesus ist auferstanden! Jesus lebt!" *Im Stil von „Stille Post" sagt einer dem anderen laut: „Jesus lebt!" LeiterIn beginnt.*
Da fällt die Trauer wie eine schwere Last von ihren Herzen. *Nacheinander werden die Steine aus den Häusern entfernt.*
Die Menschen werden wieder froh. Es wird wieder hell in den Häusern. *Mit* **Legematerial** *werden die Häuser geschmückt.*
LIED: Halleluja-Tanz, s. Nr. 10

**4. Gemeinsames Gebet**

- Dank- und Fürbittgebet
  *Nach jedem Gebetsruf wird an der Jesus-Kerze eine Kerze angezündet und dann in ein Haus gestellt.*
- Vaterunser
- Die Menschen haben den lebendigen Jesus erkannt, als er das Brot geteilt und mit ihnen gegessen hat. Deswegen wollen wir das Brot in unserer Mitte teilen und es dann gemeinsam essen.
  *Dies wird getan.*

### 5. Zur Verabschiedung

- Segensgebet/Segenslied
- Verabschiedung
- Schlusslied: Halleluja-Tanz, s. Nr. 10

**Materialien:**
Zwei blaue, mehrere verschiedenfarbige Tücher, Legematerial, Jesus-Kerze, mehrere dicke Steine, ein kleines Brot bzw. Osterkranz, Opferlichter.

## 26. Wir haben Gottes guten Geist Gottesdienst zum Pfingstereignis (Apg 2)

*Alle haben eine Blume, einige zusätzlich Trommeln und Rasseln; alles liegt zunächst unter dem Stuhl.*

### 1. Zur (Ver-)Sammlung

- Lied
- Begrüßung
- Kreuzzeichen

### 2. Ein dunkler Ort

- *Ein schwarzes Tuch wird in die Mitte gelegt.*
  Was kommt euch in den Sinn, was fällt euch ein? … Angst, Alleinsein, Weinen, Tod.
  *Das schwarze Tuch wird zu einem Haus gefaltet.* Dieses dunkle Haus soll uns erinnern an die Freunde und Freundinnen von Jesus: Ihr wisst ja, dass Jesus getötet worden ist und am Kreuz gestorben ist. Deswegen waren seine Freunde ganz traurig, enttäuscht und ratlos. Voller Angst haben sie sich in ihr Haus zurückgezogen und dort alle Türen und Fenster versperrt. *Alle werden eingeladen, mit ihren Händen verschlossene Türen zu zeigen.*

*Das Haus in der Mitte wird mit einem braunen Tuch versperrt.*
Sicherlich haben sich die Freunde und Freundinnen von Jesus auch bei der Hand genommen und sich gegenseitig getröstet.
*Der Reihe nach geben sich alle die Hand, LeiterIn beginnt.*

- Bestimmt haben die Jüngerinnen und Jünger auch gebetet und zu Jesus gerufen.
Lasst uns auch beten für Menschen, die in solch dunklen Orten leben, für Menschen, denen es nicht gut geht!
RUF: Jesus von Nazareth, hilf uns/ihnen, Herr!, s. Nr. 13

**3. Der Geist Gottes gibt den Jüngern und Jüngerinnen wieder Mut**

- Plötzlich passiert etwas ganz Ungewöhnliches:
Man hört einen zarten Wind. *Leises Pfeifen.*
Aus dem zarten Wind wird ein Sturm. *Hui, hui.*
Der Sturm zerrt die Bäume hin und her. *Stehend werden Bäume dargestellt, die vom Wind hin und her bewegt werden.*
Der Sturm lässt Türen und Fenster klappern. *Dies wird mit Instrumenten dargestellt.*
- *Dann wird es ganz still. Alle setzen sich. Stille.*
Man sieht etwas Helles, etwas, das aussieht wie feurige Zungen.
*Ein Erwachsener lässt bunte Stoffstreifen auf das Haus fallen.*
Und es wird hell im Haus.
*Die* **Jesus-Kerze** *wird angezündet und in die Mitte der Stoffstreifen gestellt.*
LIED: Zündet an das helle Licht, s. Nr. 22
Und die JüngerInnen spüren: Jesus ist da! Sein Licht ist da. Jesus lebt! Jesus ist auferstanden. Und sie singen:
LIED: Halleluja-Tanz, s. Nr. 10
- Die feurigen Zungen verteilen sich auf alle Menschen im Raum; auf jeden lässt sich eine feurige Zunge nieder.
*Nacheinander legt jeder für seinen Nachbarn einen Stoffstreifen als Strahl von der Kerze zu dessen Platz mit den Worten: N.N., Gottes Licht strahlt auch zu dir. LeiterIn beginnt.*
Und allmählich begreifen sie: Jesus ist unter uns. Jesu Geist ist unter uns. Und sie singen:
LIED: Wir haben Gottes guten Geist, s. Nr. 21

Und die Jüngerinnen und Jünger spüren: Wenn wir Gottes Geist haben, dann brauchen wir auch nicht mehr so viel Angst zu haben; dann brauchen wir uns nicht mehr einzusperren.
*Das braune Tuch, das das Haus in der Mitte verschlossen hatte, wird weggenommen.*
Und sie singen mit „Begeisterung":
LIED: Wir haben Gottes guten Geist, ... Gottes gute Kraft, ... Gottes guten Mut, ... Gottes guten Schutz, s. Nr. 21

- Draußen vor dem Haus sind viele Menschen; zu ihnen gehen die Jünger und Jüngerinnen hinaus, und sie erzählen ihnen von Jesus.
Und es staunen alle und sagen: Gott ist nicht tot! Gott hat uns nicht vergessen! Gott gibt uns seinen guten Geist!
LIED: Wir haben Gottes guten Geist, s. Nr. 21
Gottes Geist wärmt uns; Gottes Geist lässt uns aufblühen, wie die Sonne die Blumen aufblühen lässt. *Alle betrachten ihre Blume und legen sie an das Ende ihres Strahles. Mit* **Legematerial** *werden die Blumen verziert.*

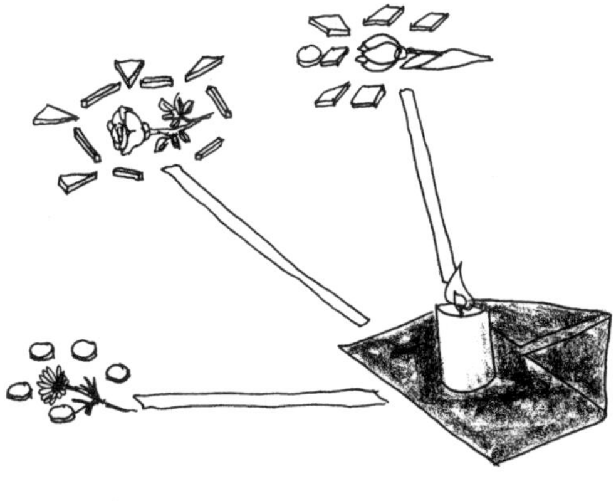

## 4. Gemeinsames Gebet

- Fürbitten: *entfallen an dieser Stelle*
- Vaterunser

**5. Zur Verabschiedung**

- Segensgebet/Segenslied
- Schlusslied

**Materialien:**
Schwarzes und braunes Tuch, helle Stoffstreifen für alle TeilnehmerInnen, Jesus-Kerze, Trommeln und Rasseln, Legematerial, (Blumen). Alle sind eingeladen, eine Blume mitzubringen.

## 27. Ein Freund von Jesus wird gerettet Die Befreiung des Petrus aus dem Gefängnis (Apg 12)

**1. Zur (Ver-)Sammlung**

- Lied
- Begrüßung
- Kreuzzeichen

**2. Eingesperrt und allein**

*Ein* **schwarzes Tuch** *wird rund gefaltet in die Mitte gelegt.*
Einzelne werden eingeladen, sich auf diesen schwarzen Kreis zu hocken und ihre Eindrücke zu sagen: An diesem Ort fühlt man sich … traurig, allein, verzweifelt, tot.
Heute soll uns dieser Ort erinnern an ein **Gefängnis**. Ein Gefängnis hat hohe Mauern.
*Alle stellen sich dicht um das schwarze Tuch*: eine hohe Gefängnismauer.
In einem Gefängnis ist man allein; niemand ist da, mit dem man reden kann.
*Immer noch im Kreis stehend drehen sich alle nach außen. – Stille.*
*Mit Brennholzscheiten wird eine „Gefängnismauer" um das schwarze Tuch dargestellt.*
*Blaue Tücher werden um sie herum gelegt:* Wassergraben.

### 3. Ein Engel Gottes befreit den Apostel Petrus

In einem solchen Gefängnis saß einmal der Apostel **Petrus**.
Von Petrus wisst ihr: ... Fischer, Freund von Jesus, Jesus hat ihm einmal die Füße gewaschen, manchmal hatte Petrus auch Angst. Doch Petrus ist von Jesus begeistert; deswegen erzählt er überall von Jesus.
Das aber stört den König Herodes; der will nicht, dass Petrus von Jesus erzählt.
König Herodes will, dass nur von ihm geredet wird; alle sollen meinen, er sei der Größte. Deswegen lässt er Petrus gefangen nehmen und ins Gefängnis werfen.
*Ein Strick wird verknotet und ins Gefängnis gelegt.*

Die Freunde von Petrus sind darüber sehr traurig. Aber gegenseitig machen sie sich Mut und sagen: „Gott wird uns nicht verlassen, er hält zu uns, er hält die Hände über uns, was auch kommen mag!"
LIED: Halte zu mir, guter Gott, s. Nr. 11
Doch der König Herodes will Petrus zum Tode verurteilen und töten lassen.
Als die Freunde von Petrus das hören, beten sie noch inständiger:
LIED: Halte zu mir, guter Gott, s. Nr. 11

In der Nacht vor dem Prozess schläft Petrus allein in seiner Gefängniszelle; es ist ganz dunkel um ihn. *Alle werden eingeladen, die Augen zu schließen. – Stille.*
*LeiterIn zündet dann die Jesus-Kerze an und fährt fort – mit der Jesus-Kerze in der Hand:*
Plötzlich wird es ganz hell im Gefängnis; ein Engel ist da, ein Bote von Gott.
Der Engel stößt Petrus in die Seite und sagt: „Steh auf, komm mit!"
*LeiterIn stößt ihren linken Nachbarn an und sagt:* „Steh auf, komm mit!"
*Nacheinander spricht auf diese Weise jeder seinen linken Nachbarn an. Dann wird die Jesus-Kerze ins Gefängnis gestellt.*
Da öffnen sich die Türen des Gefängnisses. *Dies wird mit Gesten dargestellt.* Der Engel sagt: „Zieh deine Schuhe an, Petrus! Und deinen Mantel! Komm mit, sofort!" Und Petrus kann hin-

ausgehen. *Alle machen Gehbewegungen auf ihren Plätzen. Dann machen einige Öffnungen in die Gefängnismauer, sodass offene Tore entstehen. Es werden schließlich Brücken über den Wassergraben gebaut.*
So kommt Petrus hinaus. *Der Strick wird aus dem Gefängnis herausgenommen, entknotet und als Weg an eine Brücke gelegt.*
Und schnell läuft Petrus dorthin, wo seine Freunde und Freundinnen sind. *Laufbewegungen.* Die Freunde von Petrus sind immer noch zusammen und beten.
Petrus klopft an die Tür. *Alle tun dies.* Die Leute sind überrascht; sie können es nicht glauben. Petrus aber erzählt, wie Gott ihn durch einen Engel befreit hat. Alle umarmen sich, singen und tanzen:
LIED: Freut euch alle, singt und spielt, s. Nr. 6
*Jeder legt mit* **Legematerial** *vor seinem Platz ein offenes Tor.*

**4. Gemeinsames Gebet**

- Dank- und Fürbittgebet
  *Nach jedem Gebetsruf wird an der Jesus-Kerze ein Licht angezündet und in das Gefängnis gestellt.*
- Vaterunser

**5. Zur Verabschiedung**
- Segensgebet/Segenslied
- Verabschiedung
- Schlusslied

**Materialien:**
Ein schwarzes und mehrere blaue Tücher, Legematerial, Jesus-Kerze, mehrere dicke Brennholzscheite (oder dicke Steine), Holzbausteine zum Bauen der Brücken, Strick, Opferlichter.

## 28. Maria – die Mutter mit dem Mantel Von einer Frau, die auf Gott vertraut (Lk 2,1–7; Mt 2,13–15)[8]

**1. Zur (Ver-)Sammlung**
- Lied
- Begrüßung
- Kreuzzeichen

**2. Geborgen unter einem Mantel**
- *Ein zusammengefalteter Mantel wird in die Mitte gelegt. Einzelne Kinder können den Mantel auffalten. Der Mantel wird im Kreis gezeigt. Einzelne Kinder dürfen den Mantel anlegen.*
  Die Kinder werden ermuntert zu erzählen, wie es unter dem Mantel ist: warm, geborgen, geschützt, eingehüllt, es ist nicht schlimm, wenn es kalt wird …
  *Der Mantel wird ausgebreitet in die Mitte gelegt.*

8 Anfang Mai haben wir diesen Gottesdienst in der hier vorgeschlagenen Weise abgeschlossen und so Mutter- und Vatertag gefeiert.

- Der Mantel kann uns erinnern an … einen Vater, eine Mutter, den Nikolaus, den hl. Martin, einen Schäfer, den „guten Hirten", die Mutter Maria.
  Heute soll uns dieser Mantel an **Maria, die Mutter von Jesus**, erinnern.
  Die Kinder werden eingeladen zu erzählen, was sie von Maria wissen.

**3. Ein großer Mantel passt zur Mutter Maria**

- Maria hat **Jesus geboren**. Das feiern wir an Weihnachten. *Die Kinder erzählen.*
  Wie eine gute Mutter hat Maria das Jesusbaby genährt, warm gehalten, mit ihm gelacht und ihm erzählt. Daran soll uns diese Krabbeldecke erinnern.
  *Eine Krabbeldecke wird im Kreis gezeigt und dann auf den Mantel gelegt.*
  RUF: Maria, breit den Mantel aus,
  mach Schirm und Schild für uns daraus (V/A),
  GL, Nr. 595
- Als Jesus noch ein ganz kleines Baby war, wollte der König Herodes Jesus töten. Deswegen mussten Maria und Josef mit dem Jesusbaby aus ihrem Heimatland **flüchten**; sie brachten das kleine Jesuskind in ein sicheres Land. Auf der Flucht hat die Mutter Maria ihr Baby getragen und geschützt.
  *Ein Babytragetuch wird gezeigt; alle halten ihre Hände so, als würden sie ein Baby tragen; das Babytragetuch wird auf den Mantel gelegt.*
  RUF: Maria, breit den Mantel aus, GL, Nr. 595

- An Karfreitag haben wir daran gedacht, dass Jesus als erwachsener Mann ein schweres **Kreuz** tragen musste. Das war ganz schlimm für Jesus, denn Jesus wusste, an diesem Kreuz werde ich sterben.
  Aber auch bei diesem schweren Weg war die Mutter Maria da. Sie hat Jesus in den Arm genommen, sie hat ihm Mut gemacht und seine Tränen abgewischt. *Ein Taschentuch wird gezeigt und dann auf den Mantel gelegt. Nacheinander legen alle einander die rechte Hand auf die Schulter, LeiterIn beginnt.*
  RUF: Maria, breit den Mantel aus, GL, Nr. 595
- Maria war eine mutige Frau; sie vertraute darauf: Es wird alles gut gehen! Maria glaubte: Gott wird alles gut machen.
  *Die Jesus-Kerze wird angezündet, im Kreis herumgetragen und dann auf den Mantel gestellt.* Dabei:
  LIED: Zündet an das helle Licht, s. Nr. 22
  Maria hat sich dem guten Gott anvertraut. Sie hat **geglaubt**: Gott schützt uns – wie unter einem großen, warmen Mantel, wie unter einem großen Zelt. Das hat Maria Kraft gegeben; deswegen konnte Maria mutig zupacken; deswegen war Maria eine starke Frau.
  *Die Erwachsenen nehmen die Kinder in die Mitte und bilden mit ihren Händen ein Zelt über den Kindern;* dabei:
  RUF: Maria, breit den Mantel aus, GL, Nr. 595
- *Je drei bis vier Personen erhalten ein Tuch und legen dies in Form eines Mantels vor sich; auf diesen Mantel legt jeder dann mit* **Legematerial** *ein Zeichen für sich.*
  (Dabei leise Musik, z.B. Melodie von dem Lied „Maria, breit den Mantel aus" auf Gitarre)

**4. Gemeinsames Gebet**

- Wir spüren, wie schön es ist, unter einem großen Mantel Schutz zu haben.
  Lasst uns Gott danken für die Menschen, die uns Schutz und Geborgenheit geben.
  *LeiterIn lädt ein, Menschen bzw. Personengruppen zu nennen.*
  RUF: Auf, ihr Menschen, danket dem Herrn! (V/A), s. Nr. 13
- Vaterunser

### 5. Zur Verabschiedung

- Spezielle Verabschiedung im Umfeld von **Mutter- und Vatertag:**
  (Heute) am Muttertag denken wir besonders an unsere Mamas: Unsere Mamas haben uns geboren, genährt, geborgen, geschützt, getröstet.
  Vor ein paar Tagen war Vatertag: Wir haben daran gedacht, wie schön es ist, wenn Papa da ist und Zeit für uns hat.
  Immer dann, wenn unsere Mütter und Väter gut zu uns sind, können wir ein wenig spüren, wie gut Gott es mit uns meint.
  Der große Mantel passt also nicht nur zu Gott und zur Mutter Maria, er ist auch ein Zeichen für gute Mütter und Väter.
  Wir sind heute froh und dankbar für gute Väter und gute Mütter!
  *Alle Kinder erhalten eine Blume, die sie ihren Eltern als Zeichen des Dankes überreichen können.*
- Segensgebet/Segenslied
- Schlusslied: Maria, breit den Mantel aus, GL, Nr. 595

**Materialien:**
Großer Mantel oder Umhang/Poncho, Krabbeldecke, Babytragetuch, Taschentuch, Legematerial, Jesus-Kerze, bunte Tücher, (für jedes Kind eine Blume).

## 29. Mit Gottes Lebensquelle verbunden Die Abschiedsworte Jesu auf dem Berg (Mt 28,16–20)

*Alle haben ihren blauen Stoffstreifen vorerst unter den Stuhl gelegt.*

### 1. Zur (Ver-)Sammlung

- Lied

- Begrüßung
- Kreuzzeichen

**2. Auf dem Berg**

*LeiterIn lädt alle ein, ihn/sie zu beobachten, wie er/sie aufsteht und sich auf die Zehenspitzen stellt. Dann tun alle dies auch.*
Kinder stellen sich auf die Zehenspitzen, wenn sie sich klein vorkommen, um ... mehr zu sehen, groß zu sein.
Wenn man **groß** ist, dann ...
Manchmal klettern Leute auch auf große, hohe **Berge**.
*Alle stellen sich, „klettern auf einen hohen Berg", strecken ihre Hände nach oben und stellen gemeinsam einen hohen Berg dar:*
Auf einem Berg kann ich viel sehen; ich bin „näher bei der Sonne"; auf einem großen Berg fühle ich mich selbst groß ...
*Mit einem gelben Tuch wird in die Mitte ein Berg gestellt.*

**3. Getauft mit „Wasser aus dem Berg"**

- Nach dem Tod von Jesus waren seine Freunde und Freundinnen traurig; sie fühlten sich klein, „am Boden". *Alle machen sich klein auf ihrem Platz.*
  Da erinnerten sie sich an die schöne Zeit mit Jesus, sie erinnerten sich an den Berg, wo sie Jesus im Glanz der Sonne bewundert hatten. Diese Erinnerung richtet sie auf. *Alle richten sich wieder auf.* Und sie gehen auf den hohen Berg, den Jesus ihnen genannt hatte. Dort sehen sie Jesus wiederum.
  *Die Jesus-Kerze wird angezündet, im Kreis herumgetragen, dann zum Berg gestellt;* dabei:
  LIED: Zündet an das helle Licht, s. Nr. 22
  Als die Jünger Jesus sehen, sind einige unsicher, einige ganz begeistert.
  Da hat Jesus wahrscheinlich seine Freunde und Freundinnen an der Hand gefasst.
  *Nacheinander fassen sich alle an der Hand. LeiterIn beginnt.*
  Dann sagt Jesus: „Mir ist alle Macht gegeben." *Alle wiederholen.* „Im Himmel und auf Erden." *Alle.*
  Jesus ist groß, er hat alle Macht; Jesus ist all-mächtig; all-mächtig ist seine Liebe:
  LIED: Gottes Liebe ist wie die Sonne, s. Nr. 9

- Auf Bergen gibt es oft einen See; große Flüsse entspringen in den Bergen; oft fließen Bäche und Flüsse den Berg hinab. *Mit den Fingern wird das Fließen eines Baches dargestellt. Blaue Tücher werden wellig um den Berg gelegt.*
  Von den Quellen in den Bergen fließt das Wasser durch das Land. Wo das Wasser hinkommt, dort wird es grün, dort wachsen Blumen, Bäume und Sträucher.
  Ohne Wasser würde alles tot und trocken bleiben; ohne Wasser kein Leben!
  So wichtig wie das Wasser, so wichtig ist Jesus. Deshalb müssen alle Menschen Jesus kennen lernen. Deshalb sagt Jesus zu seinen Freunden und Freundinnen auf dem Berg:
  Geht zu allen Menschen! *Alle wiederholen.* Erzählt allen Menschen von mir! *Alle.* Tauft alle Menschen! *Alle.* Und habt keine Angst! *Alle.* Ich bleibe immer bei euch! *Alle.*
- Auch wir wurden getauft. *Die Kinder können erzählen.* Als wir noch Babys waren, wurde uns ein wenig Wasser über unser Köpfchen gegossen; ein Teil von dem Lebenswasser Gottes ist über uns ausgegossen worden. Das Lebenswasser Gottes fließt also auch zu uns, zu dir, zu mir … Wir wollen uns daran erinnern:
  *Nacheinander macht jeder mit einem blauen Streifen sichtbar, wie Lebenswasser von der Quelle am Berg zu seinem linken Nachbarn fließt;* dabei sagt er:
  N.N., du bist getauft. Du hast Gottes Lebenswasser.
  LIED: Gottes Liebe ist wie die Sonne, s. Nr. 9
  *Mit* **Legematerial** *macht jeder sichtbar, wie das Wasser das Land an seinem Platz grün und lebendig macht.*

**4. Gemeinsames Gebet**
- Dank- und Fürbittgebet
- Vaterunser

**5. Zur Verabschiedung**
- Segensgebet/Segenslied
- Verabschiedung
- Schlusslied

**Materialien:**
Ein gelbes und mehrere blaue Tücher, blaue Stoffstreifen (Alternative: Streifen aus blauem Krepppapier), Legematerial, Jesus-Kerze.

## 30. Licht auch für die Verstorbenen Gottesdienst zu Allerseelen (Joh 8,12)

*Alle haben ein welkes Blatt.*

**1. Zur (Ver-)Sammlung**
- Lied
- Begrüßung
- Kreuzzeichen

**2. Wir stehen im Herbst**
- *Zwei braune Tücher werden als Rechteck in die Mitte gelegt:*
  Sie können erinnern an … Erde, Garten, **Ackerfeld** im Herbst.
  Im Herbst liegen draußen auf den Feldern viele **welke Blätter**.
  Die Kinder werden eingeladen, ihr mitgebrachtes Blatt in die Hand zu nehmen:
  *Mit den Fingern werden die Umrisse des Blattes nachgezeichnet.*
  *Die Umrisse des Blattes werden in die Luft gezeichnet.*

*Die Augen werden geschlossen, und mit den Fingern wird die Oberfläche des Blattes gefühlt: brüchig, hart, rau, das Blatt hat „Adern" …*
*Die Augen werden geöffnet, um die verschiedenen Farben des Blattes aufzunehmen: braun, gelb, rot …*
Vor wenigen Wochen waren die Blätter noch … grün. Damals hingen sie oben an einem Baum. *Alle stellen stehend mit beiden Armen eine Baumkrone dar.* Inzwischen sind die Blätter vom Baum heruntergefallen. *Nacheinander lassen alle ihr welkes Blatt auf die braunen Tücher fallen.*

- *Das Bild in der Mitte kann uns auch an ein* **Grab** *erinnern.* Einige von uns waren vielleicht an den vergangenen Tagen auf dem Friedhof, waren dabei, als die Eltern die Gräber gepflegt haben … *Ein Strauß mit frischen Blumen und ein noch nicht brennendes Grablicht wird „auf das Grab" gestellt.*
Im Herbst, auf dem Friedhof, (heute) an Allerseelen/Allerheiligen erinnern wir uns an Menschen, die gestorben sind, z.B. Opa, Oma … Wir erzählen von den Toten, wir trauern um die Toten; manchmal zeigen auch die Erwachsenen deutlich, dass sie traurig sind.
*Mit* **Legematerial** *legt jeder für einen Verstorbenen ein Zeichen, sodass um das „Grab" ein großer Kranz von Zeichen entsteht.*

**3. Das Licht Jesu leuchtet auch für die Verstorbenen**

- Die Kerze auf unserem „Grab" brennt noch nicht. Normalerweise nimmt man einfach ein Streichholz und zündet diese

Kerze an. Aber eigentlich ist es ein besonderes Licht, das wir (an Allerseelen/Allerheiligen) zu den Gräbern bringen: Es ist das Licht aus der Kirche, das Licht von Jesus. Wir glauben ja, dass Jesus von den Toten auferstanden ist; das feiern wir an Ostern; dann zünden wir die dicke, große Osterkerze an. Und deswegen zünden wir auch in jedem Gottesdienst unsere Jesus-Kerze an; sie erinnert uns: Jesus lebt, er ist so hell und lebendig wie die Flamme der Kerze; er leuchtet für uns, wir brauchen keine Angst zu haben.

- Dieses Jesuslicht bringen wir zu den Gräbern der Toten: Das Licht Jesu leuchtet auch für die Verstorbenen. *Die Jesus-Kerze wird angezündet.* Dabei:
  LIED: Zündet an das helle Licht, s. Nr. 22
  *Dann wird auch die Kerze, die zu Beginn auf das Grab gestellt wurde, an der Jesus-Kerze angezündet.* Dabei:
  LIED: Tragt zu den Toten ein Licht, Melodie s. Nr. 17

**4. Gemeinsames Gebet**

- Fürbitten: Lasst uns beten für Menschen, die gestorben sind, und für sie ein Licht anzünden!
  RUF: Tragt zu den Toten ein Licht, Melodie s. Nr. 17
  *Für jeden Verstorbenen wird an der Jesus-Kerze ein Licht angezündet und entweder auf das „Grab" oder zu einem Zeichen gestellt.*
- Vaterunser

**5. Zur Verabschiedung**

- Segensgebet/Segenslied
- Verabschiedung
- Schlusslied

**Materialien:**
Zwei braune Tücher, ein Grablicht, Vase mit frischen Blumen, Jesus-Kerze, Legematerial, Opferlichter, (welke Blätter).
Alle sind eingeladen, ein welkes Herbstblatt mitzubringen.

# V. GOTTESDIENSTE MIT ANSPIEL[9]

## 31. Katechetische Feier vor dem Martinszug

*Personen:* Martin und zwei Personen, die Bischofsmütze und Bischofsstab tragen;
Bettler und zwei Personen mit Martinslaternen
(zu Beginn in der ersten Bankreihe);
vier (erwachsene) SprecherInnen (neben Ambo)

### 1. Zur (Ver-)Sammlung

LIED: St. Martin ritt durch Schnee und Wind (Volkslied vom Niederrhein)
SPRECHER/IN 1:
Liebe Kinder, liebe Erwachsene!
Heute ist ein besonderer Tag: Mit leuchtenden Laternen seid ihr in die Kirche gekommen; mit leuchtenden Laternen werden wir nachher einen Umzug durch unsere Straßen machen. Und am Schluss dieses Zuges wird ein großes Feuer diesen dunklen Abend hell machen.
Ein Lichterfest feiern wir heute, das erste Lichterfest dieses Winters:
Wir feiern das **Fest des heiligen Martin**.
Deswegen möchten wir euch heute Abend etwas erzählen und vorspielen aus dem Leben dieses großen Mannes.

### 2. Martin teilt

*Martin – mit Helm, Schwert und Mantel – stellt sich in die Mitte vor die Anwesenden.*
SPRECHER/IN 2:
Viele von euch haben schon etwas vom heiligen Martin gehört:
Martin lebte vor vielen hundert Jahren; er war Soldat des römischen Kaisers.

9 Angesichts der größeren Teilnehmerzahlen an Martinstag und Heiligabend hat sich diese Gottesdienstform bewährt; Ort: Kirche.

Als Soldat besaß er ein Pferd; deshalb zieht auch heute Abend ein Reiter auf einem Pferd unserem Martinszug voraus.
Von Jesus hatte Martin schon viel gehört, und er wollte Jesus unbedingt kennen lernen. Martin suchte Jesus überall, aber er konnte ihn nicht finden.
*Martin geht umher und sucht Jesus (unter den Anwesenden).*
An einem kalten Winterabend ist Martin wieder unterwegs mit seinem Pferd.
*Martin macht Reitbewegungen.*
Martin freut sich, dass er endlich nach Hause kommt und sich dort wärmen kann.
*Der Bettler kommt gebeugt und schlürfend nach vorne und hockt sich auf die Stufen vor den Altar.*
Was ist denn das? Da bewegt sich doch jemand! *Martin reitet langsamer und schaut.* Martin zieht an den Zügeln, und sein Pferd bleibt stehen.
Jetzt sieht Martin: Ja, da ist ein Mensch! Der zittert ja am ganzen Leib! Und trägt völlig zerrissene Kleider! *Martin bleibt stehen.*
Der Mann streckt die Arme empor und schreit: „Hilfe! Hilfe!" *Alle wiederholen dies.*
Martin überlegt nicht lange; er springt vom Pferd und geht auf den Menschen zu.
*Martin geht auf den Bettler zu und kniet sich zu ihm auf den Boden.*
Martin beugt sich über den Bettler und spricht ihn an.
Martin spürt: Wenn ich jetzt nicht helfe, muss der Mann sterben!
Und er zieht schnell seinen großen warmen Reitermantel aus, nimmt sein Schwert aus der Scheide und schlitzt den großen Mantel mitten durch.
Die eine Hälfte des Mantels schenkt er dem Bettler, die andere Hälfte behält er für sich.
*Martin teilt mit dem Schwert seinen Mantel und zieht eine Hälfte dem Bettler an.*
Dann hebt Martin den Mann auf sein Pferd und bringt ihn in eine Herberge.
*Martin stützt den Bettler, führt ihn zu dessen Platz und bleibt dort.*
LIED: Ein armer Mann, ein armer Mann, aus: „Kommt alle und seid froh", P. Janssens Musik Verlag

**3. Martin wird ein Freund von Jesus**

SPRECHER/IN 3:

Martin ist inzwischen nach Hause geritten; er hat sich in sein Bett gelegt und schläft.

*Martin – mit Schwert, Helm und halben Mantel – setzt sich vorne rechts „schlafend" auf die Stufen.*

In der Nacht hat Martin einen Traum. Er sieht Jesus; auf Jesus hatte er ja so lange gewartet, ihn wollte er unbedingt sehen. Im Traum sieht Martin nun, wie Jesus in sein Zimmer kommt; Jesus wird von zwei Laternenträgern begleitet.

*Der Bettler – mit dem halben Mantel bekleidet – kommt in die Mitte – begleitet von den zwei Kindern mit Laternen; sie stellen sich vor den Altar.*

Im Schein der Laternen kann Martin jetzt erkennen: Das ist doch mein Mantel, der Mantel, den ich dem Bettler geschenkt habe; jetzt trägt Jesus diesen Mantel!

Und Jesus sagt: „Ja, Martin hat mir diesen Mantel geschenkt; Martin ist mein Freund!"

*Der Bettler und die Laternenträger gehen langsam wieder auf ihre Plätze.*

Danach öffnet Martin seine Augen und schaut sich verwundert um.

*Martin öffnet die Augen, steht auf und schaut sich um.*

Sein Entschluss steht fest: „Nicht mehr dem römischen Kaiser, sondern Jesus will ich dienen! Ich will ein Freund von Jesus werden. Ich will Christ werden und mich taufen lassen! Mein Schwert und meinen Helm brauche ich nicht mehr!"

*Martin zieht Helm und Schwert aus, legt beides in die Ecke und verlässt den Altarraum.*

LIED: Martin, Martin, Martin ist ein frommer Mann (Volkslied aus Thüringen)

**4. Martin wird Bischof**

SPRECHER/IN 4:

Martin bezieht außerhalb der Stadt ein kleines Haus. Hier lebt er ganz bescheiden und einfach; er hilft Menschen, wo immer er kann; und er betet.

Eines Tages stirbt der Bischof der Stadt. Da sagen die Leute: Wir brauchen einen neuen Bischof! Martin soll unser Bischof werden! Holt den Martin hierher!
Und sie rufen: Martin, Martin! *Alle rufen ebenso.*
*Die beiden Kinder mit den Laternen kommen nach vorne und suchen Martin im Altarraum.*
Aber Martin will nicht Bischof werden; er will bei den einfachen Leuten bleiben. Deshalb versteckt Martin sich; er versteckt sich bei den Gänsen in einem Gänsestall.
Aber die Leute suchen überall nach ihm. Sie rufen: Martin, Martin!
*Alle nochmals.*
Auf einmal sagt einer: Hört, die Gänse drüben im Gänsestall! Vielleicht ist Martin dort!? Und einige laufen dorthin und rufen nochmals: Martin, Martin! *Alle wiederholen.*
Ja wirklich: Martin ist bei den Gänsen. Die Leute entdecken ihn im Gänsestall und bringen ihn in die Stadt. *Die beiden Kinder finden schließlich Martin und führen ihn in die Mitte vor den Altar.*
Die Menschen betteln so lange, bis Martin schließlich bereit ist, ihr Bischof zu werden. *Die zwei Kinder setzen Martin die Bischofsmütze auf und überreichen ihm den Bischofsstab.*
Die Menschen freuen sich über Martin; sie freuen sich, dass Martin nun ihr Bischof ist. Mit ihm feiern sie ein fröhliches Fest. Mit Fackeln und Laternen machen sie einen Umzug durch ihre Stadt und singen frohe Lieder.
LIED: Martin, Martin, Martin ist ein frommer Mann, s.o.

**5. Wir feiern mit Martin**
SPRECHER/IN 1:
Wir wollen es jetzt genauso machen wie die Menschen damals: Mit unseren leuchtenden Laternen feiern wir Martin; wir machen einen Umzug durch unseren Ort, singen Lieder und freuen uns über Martin.
LIED: Ich geh mit meiner Laterne (Volkslied aus Holstein)
*Währenddessen geht Martin – begleitet von den fünf mitspielenden Kindern – durch den Mittelgang nach draußen und eröffnet so den Martinszug.*

**Materialien:**
Schwert, Helm, großes zusammengenähtes Tuch als leicht teilbarer Reiterumhang, zwei Martinslaternen, Bischofsmütze, Bischofsstab, Bettlerkleidung.

## 32. Weihnachtsgottesdienst in der Kirche (Lk 2,1–17)

*Personen:* Maria und Josef, zwei Herolde (zu Beginn hinten in der Kirche), vier Hirten (zu Beginn in der ersten Bank), drei (erwachsene) SprecherInnen (neben Ambo).
*Vorne:* sechs **Hocker** im Halbkreis (für Maria, Josef und die Hirten), Adventskranz mit den noch nicht brennenden Adventskerzen.
*Die Kirche ist abgedunkelt; auch die Weihnachtsbeleuchtung ist noch nicht eingeschaltet.*

### 1. Zur (Ver-)Sammlung

LIED (mit Flöte oder Gitarre): Wir sagen euch an den lieben Advent, GL, Nr. 115, 1–4. *Vor jeder Strophe wird die entsprechende Kerze des Adventskranzes angezündet.*
SPRECHER/IN 1:
Auf diesen Tag haben wir lange gewartet:
Endlich brennt die vierte Kerze! Endlich ist das letzte Türchen des Adventskalenders offen!
Weihnachten ist heute, Heiligabend.
Wir eröffnen dieses Fest mit einem Gottesdienst hier in der Kirche; lasst uns beginnen mit dem **Kreuzzeichen**: Im Namen des Vaters und des Sohnes und des Heiligen Geistes. Amen.

### 2. Der Kaiser und die Steuern

*Von hinten kommen zwei Herolde nach vorne; sie schlagen auf Trommeln und rufen:*
HEROLD 1: Befehl des Kaisers! *Trommelschläge*
HEROLD 2: Alles eintragen! *Trommelschläge*

SPRECHER/IN 3: Befehl des Kaisers? – Was will er denn?
SPRECHER/IN 2: Ihr sollt euch aufschreiben lassen!
HEROLD 1: Befehl des Kaisers! *Trommelschläge*
HEROLD 2: Alles eintragen! *Trommelschläge*
SPRECHER/IN 3: Warum denn das?
SPRECHER/IN 2: Der Kaiser will wissen, wie viele Menschen in seinem Reich wohnen.
HEROLD 1: Befehl des Kaisers! *Trommelschläge*
HEROLD 2: Alles eintragen! *Trommelschläge*
SPRECHER/IN 3: Wieso denn?
SPRECHER/IN 2: Dann weiß der Kaiser, wie viel Geld, wie viel Steuern er bekommt.
SPRECHER/IN 3: Ach so! – Wo müssen wir uns denn aufschreiben lassen?
SPRECHER/IN 2: Ein jeder muss dorthin, wo er geboren wurde; jeder muss in seine Heimatstadt!
*Die beiden Herolde sind vorne angelangt und setzen sich in die Bänke.*

### 3. Herbergssuche

SPRECHER/IN 2:
So zog auch Josef von der Stadt Nazaret hinauf in die Stadt Davids, die Betlehem heißt; denn er stammte aus der Familie des Königs David. Josef wollte sich eintragen lassen zusammen mit Maria; die war schwanger und erwartete ein Kind.
LIED (mit Flöte oder Gitarre): Macht hoch die Tür, Gotteslob, Nr. 107, 1.–2. Str.; *Alternative:* Macht auf eure Türen, Melodie: Nr. 14)
*Nach der ersten Strophe ziehen Maria (mit einer Puppe unter dem Mantel) und Josef durch den Mittelgang nach vorne; sie gucken an den einzelnen Bänken, ob es noch Platz für sie gibt.*
*Wenn das Lied zu Ende ist, kommen Maria und Josef ratlos vorne an; suchend schauen sie weiter zu den Anwesenden.*
Maria und Josef kommen in Betlehem an. Doch niemand gibt ihnen ein Zimmer. Aber – Gott sei Dank! – vor den Toren der Stadt ist ein Stall, ein Unterstand für Tiere; dorthin gehen Maria und Josef.
*Maria und Josef setzen sich auf die beiden mittleren Hocker.*
Und hier bringt Maria ihr Kind zur Welt, ihren Sohn Jesus.

Sie wickelt ihr Baby in Windeln und legt es in eine Futterkrippe.
*Maria öffnet ihren Mantel, sodass man auf ihren Armen das Kind sieht.*
*Die Krippenbeleuchtung wird eingeschaltet.*
INSTRUMENTALMUSIK

**4. Die Engelbotschaft an die Hirten**
SPRECHER/IN 2:
In jener Gegend lagerten Hirten auf freiem Feld; sie hielten Nachtwache bei ihren Schafen.
*Die vier Hirten stellen sich vor die Anwesenden.*
LIED (mit Flöte oder Gitarre): Kommet, ihr Hirten, GL, in vielen Diözesananhängen, 1. Str.
ERSTER HIRTE *(mit Stock in der Hand)*:
Ich bin der Hirte Jakob. Ich schütze meine Schafe vor dem bösen Wolf.
ZWEITER HIRTE *(mit Laterne in der Hand)*:
Ich bin die Hirtin Sarah. Ich habe alle meine Schafe gern! Wenn ein Schaf sich verlaufen hat – ich suche es Tag und Nacht, bis ich es gefunden habe.
LIED (mit Flöte oder Gitarre): Kommet, ihr Hirten, GL, in vielen Diözesananhängen, 2. Str.
DRITTER HIRTE *(mit einem Fell in der Hand)*:
Ich bin der Hirtenjunge Tobias. Ich spiele mit den kleinen Schäfchen und streichle ihr Fell.
VIERTER HIRTE *(mit einem Fernrohr in der Hand)*:
Ich bin das Hirtenmädchen Ruth. Ich sitze nachts am Feuer und schaue in den Himmel; ich träume von den vielen Sternen.
LIED (mit Flöte oder Gitarre): Kommet, ihr Hirten, GL, in vielen Diözesananhängen, 3. Str.
SPRECHER/IN 2:
Plötzlich erscheint ein Engel des Herrn vor den Hirten, und der Glanz Gottes umstrahlt sie.
*(Ein Stern wird eingeschaltet. Die Hirten schauen zum Stern.)*
Die Hirten fürchten sich sehr.
Der Engel aber sagt zu ihnen: Fürchtet euch nicht! Ich verkünde euch eine große Freude, eine gute Nachricht für das ganze Volk: Heute ist euch in Betlehem der Retter geboren worden.

Und daran könnt ihr ihn erkennen: Ihr werdet ein Kind finden, das in einer Krippe liegt.
Und plötzlich sind da ganz viele Engel. *Die Beleuchtung der Weihnachtsbäume wird eingeschaltet.* Die vielen Engel loben Gott und singen: Verherrlicht ist Gott in der Höhe, und auf Erden ist Friede bei den Menschen seiner Gnade.
LIED (mit Orgel): Zu Betlehem geboren, GL, Nr. 140

**5. Alle gehen zur Krippe**
SPRECHER/IN 2:
Da sagen die Hirten zueinander: „Kommt, wir gehen nach Betlehem! Wir wollen mit eigenen Augen sehen, was uns Gott durch seine Engel verkündet hat."
Und so laufen die Hirten zur Krippe und finden Maria und Josef und das Kind.
*Die Hirten gehen zu Maria und Josef, streicheln das Kind und setzen sich auf die Hocker rechts und links neben Maria und Josef.*
SPRECHER/IN 3:
Die Hirten betrachten und bewundern das Kind; sie erzählen, was ihnen über das Kind gesagt worden ist. Sie erzählen: das Kind will **Licht** für alle Menschen sein.
So lasst uns jetzt die Jesus-Kerze anzünden (die uns auch in den Kindergottesdiensten immer wieder an Jesus erinnert).
*Die Jesus-Kerze wird angezündet und vor Maria und Josef (auf einen Leuchter) gestellt.*
Die ersten Menschen, die das Licht des neugeborenen Kindes entdecken, sind die kleinen Hirten. *Die Hirten erhalten Licht von der Jesus-Kerze.*
(Jesus will nicht nur die Hirten von Betlehem erleuchten, Jesus will für alle Menschen Licht sein; alle sollen sehen, allen soll es gut gehen. Deswegen erhalten jetzt alle Licht von der Krippe. *An der Jesus-Kerze werden Kerzen angezündet; evtl. Lichterprozession durch die Kirche;* währenddessen Instrumentalmusik oder bekanntes Weihnachtslied.*)*
Wir feiern heute Jesu Geburtstagsfest; lasst uns daher dem Jesusbaby das Geburtstagslied singen, das Kinder auch sonst bei Geburtstagen singen: *Alle Lichter werden eingeschaltet.*
LIED: geläufiges Glückwunschlied

## 6. Gemeinsames Gebet

SPRECHER/IN 1:

Wir feiern Jesu Geburtstagsfest; wir feiern, dass durch Jesus Licht in die Welt gekommen ist. Lasst uns darum beten, dass dieses Licht alle Menschen hell und froh mache!

RUF: Tragt in die Welt nun ein Licht, s. Nr. 17

Wir beten für unsere eigenen Familien und für alle Familien unseres Ortes, für Kinder und Eltern, für kleine und große Leute:
Lass uns heute etwas von dem Licht der Heiligen Nacht erfahren!

RUF: Tragt in die Welt ...

Wir denken an Menschen, die auch heute Abend allein oder krank sind:
Lass sie etwas von dem Licht der Heiligen Nacht erfahren!

RUF: Tragt in die Welt ...

Wir beten für Familien, in denen es Streit gibt, wir beten für Paare, die es gerade heute Abend schwer miteinander haben:
Lass sie etwas von dem Licht der Heiligen Nacht erfahren!

RUF: Tragt in die Welt ...

Und wir denken an Familien, die um einen lieben Menschen trauern, der gestorben ist und heute Abend fehlt:
Lass sie vom Licht der Heiligen Nacht Trost erfahren!

RUF: Tragt in die Welt ...

An Weihnachten spüren wir besonders deutlich, dass wir eigentlich alle zusammengehören.
Lasst uns deshalb aufstehen, einander die Hände reichen und zu unserem gemeinsamen Vater beten, wie Jesus selbst gelehrt hat:

VATERUNSER

Guter Gott!
Wir freuen uns über Weihnachten; wir freuen uns über das Licht unter uns.
Wir wollen das Licht mitnehmen nach Hause.
Wir bitten dich: Hilf uns, dass es möglichst lange hell bleibt bei uns!
Hilf uns, dass wir frohe und glückliche Weihnachten miteinander feiern können!
Dazu segne uns, guter Gott, Vater, Sohn und Heiliger Geist! Amen.

### 7. Zur Verabschiedung

- Schlusslied (mit Orgel): vertrautes Weihnachtslied
- Verabschiedung und Weihnachtswunsch
- Festliches Orgelspiel

**Materialien:**
Für die beiden Herolde: zwei Trommeln (und Kostüme); für Maria: weiter Mantel und Babypuppe; für Josef: Stock; für die Hirten: Kostüme und (je einmal) Fell, Stock, Laterne, Fernrohr; Jesus-Kerze, Adventskranz mit vier Kerzen, vier Kerzen für die Hirten, (Kerzen für die Lichterprozession).

# ANHANG

## Lieder

Die hier vorgelegte Liedauswahl will anregen, sich vor Ort eine eigene Sammlung von Liedern (und Texten) anzueignen, die immer wieder verwendet werden. Auf diese Weise erhalten die Gottesdienste ein individuelles und vertrautes Gesicht.
Gute Erfahrungen haben wir gemacht mit: „Das Liederbuch zum Umhängen. 100 der schönsten religiösen Kinderlieder“, Menschenkinder Verlag, Münster.

### 1. Baum des Kreuzes

2. Baum des Kreuzes, du wirst grün.
   Baum des Kreuzes, du wirst blühn.
   Unser Herr wird Sieger sein
   und uns alle vom Tod befrein.

3. Baum des Kreuzes, du wirst grün.
   Baum des Kreuzes, du wirst blühn.
   Ja, der Tod wird überwunden,
   ja, der Tod, er wird bezwungen.

4. Baum des Kreuzes, du wirst grün.
   Baum des Kreuzes, du wirst blühn.
   Groß und stark ist unser Gott,
   er besiegt das Leid, den Tod.

Text und Musik: Franz Kett
Aus: Religionspädagogische Praxis, Handreichung für elementare Religionspädagogik, Jhg. 1989, Nr. II, S. 43; „Gottesdienste zur Fastenzeit"


## 2. Die Menschen öffnen Türen

2. Sie machen auf die Ohren und hören Jesus an.
   Sie hören, in dem Jesus, da spricht ein Gottesmann.

3. Sie machen auf die Augen und schauen Jesus an.
   Sie sehen, in dem Jesus, da schaut Gott selbst uns an.

4. Es kommen viele Kranke, taub, stumm und blind und lahm.
   Sie fassen Jesu Kleider und seine Hände an.

5. Sie rufen: Herr, erbarme. Erbarm dich unsrer Not!
   Erlöse uns von Krankheit, vom Bösen und vom Tod.

6. Und Jesus schaut mit Liebe die vielen Menschen an.
   Heilt ihre kranken Herzen und ihre Wunden dann.

7. Sie bringen ihre Kinder und geben sie dem Herrn.
   Sie bitten, Jesus, segne die Kinder, hab sie gern.

8. Wir fragen alle staunend, wie Jesus das nur schafft.
   Wir glauben, in dem Jesus wirkt Gottes Geist und Kraft.

Text und Musik: Franz Kett
Aus: Religionspädagogische Praxis, Handreichung für elementare Religionspädagogik, Jhg. 1984, Nr. I, S. 15, „Jesus, unser Heil und Leben"


## 3. Du hast uns deine Welt geschenkt

2. Du hast uns deine Welt geschenkt:
   die Länder – die Meere.
   Du hast uns deine Welt geschenkt:
   Herr, wir danken dir.

3. Du hast uns deine Welt geschenkt:
   die Sonne – die Sterne.
   Du hast uns deine Welt geschenkt:
   Herr, wir danken dir.

4. Du hast uns deine Welt geschenkt:
   die Blumen – die Bäume.
   Du hast uns deine Welt geschenkt:
   Herr, wir danken dir.

5. Du hast uns deine Welt geschenkt:
   die Berge – die Täler.
   Du hast uns deine Welt geschenkt:
   Herr, wir danken dir.

6. Du hast uns deine Welt geschenkt:
   die Vögel – die Fische.
   Du hast uns deine Welt geschenkt:
   Herr, wir danken dir.

7. Du hast uns deine Welt geschenkt:
   die Tiere – die Menschen.
   Du hast uns deine Welt geschenkt:
   Herr, wir danken dir.

8. Du hast uns deine Welt geschenkt:
   Du gabst mir das Leben.
   Du hast mich in die Welt gestellt:
   Herr, wir danken dir.

9. Du hast uns deine Welt geschenkt:
   Du gabst uns das Leben.
   Du hast uns in die Welt gestellt:
   Herr, wir danken dir.

Text: Rolf Krenzer
Musik: Detlev Jöcker
Aus Buch, CD und MC: Viele kleine Leute

## 4. Erde, gute Erde

Text und Musik: Franz Kett
Aus: Religionspädagogische Praxis, Handreichung für elementare Religionspädagogik, Jhg. 1998, Nr. I, S. 15, „Ich lebe mein Leben"


## 5. Es läuten alle Glocken

2. Wir grüßen dich, Herr Jesus,
im Gotteshause hier.
Wir sind nun deine Gäste.
Wir danken dir dafür.

3. Lasst alle Kinder kommen.
So sagt Herr Jesus Christ.
Sie sollen zu mir kommen
und wehrt es ihnen nicht.

4. Er will uns glücklich machen,
   von Herzen froh und gut.
   Als seinen Gotteskindern
   gibt er uns frischen Mut.

Text: Hermann Bergmann
Musik: Hartmut Wortmann
Aus: Liederbuch und Doppel-CD „Es läuten alle Glocken"


### 6. Freut euch alle, singt und spielt

Text: Klaus Künne
Musik: Josef Monter
Aus: MOSAIK 171 „Kindergottesdienst"


Weitere Strophen zum Beispiel:
… Gott ist unsere Mutter. Mutter von dir …
Gott ist unser Bruder. Bruder von dir …

Gestaltungsmöglichkeit:

| | |
|---|---|
| Freut euch alle, singt uns spielt … Gott ist unser Vater. | *klatschen* |
| Vater von dir | *auf eine Person im Kreis zeigen* |
| Vater von mir | *auf sich selbst zeigen* |
| Vater von uns allen. | *alle fassen sich an den Händen* |

## 7. Gottes Kraft geht alle Wege mit

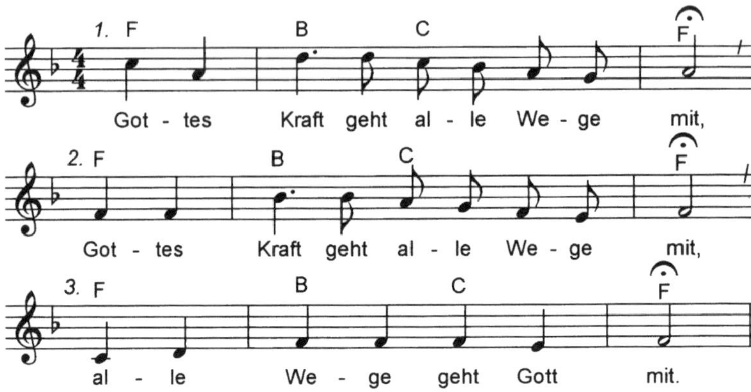


Text: Alfred Delp
Musik: F.R. Daffner, 1984

## 8. Gottes Liebe ist so wunderbar

2. Gottes Güte ist so wunderbar …
3. Gottes Gnade ist so wunderbar …
4. Gottes Treue ist so wunderbar …
5. Gottes Hilfe ist so wunderbar …

Text: mündlich überliefert
Musik: Spiritual

## 9. Gottes Liebe ist wie die Sonne

Einfache Gitarrengriffe für die Strophen (taktweiser Wechsel): F G C E7 (2x)

Text und Musik: Gerd Fuster 1970

## 10. Halleluja-Tanz

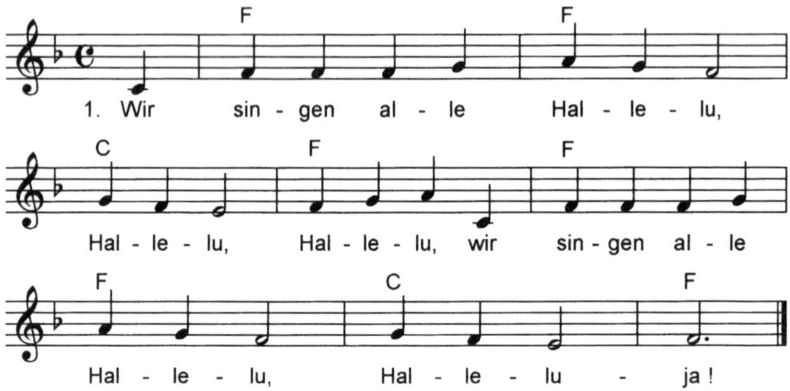


Wir tanzen alle …
Wir klatschen alle …
Wir schnalzen alle …
Wir stampfen alle
Wir patschen alle …
Wir pfeifen alle …

Text: Rolf Krenzer
Musik: Trad.
Aus: „Ein Regenbogen bunt und schön" 046


## 11. Halte zu mir, guter Gott

Text: Rolf Krenzer
Musik: Ludger Edelkötter
Aus: Halte zu mir heute, guter Gott (IMP 1021); Weil du mich so magst (IMP 1036); Wir sind Kinder dieser Erde (IMP 1045)


## 12. In unsrer Mitte

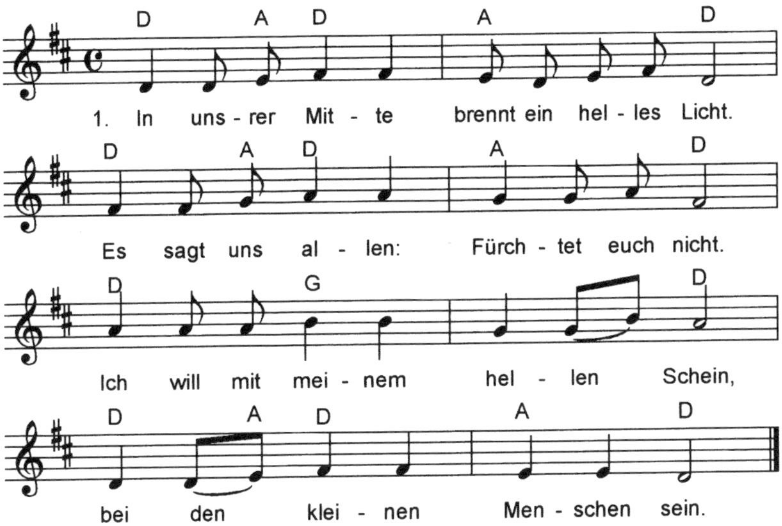


2. … bei den großen Menschen sein.
3. … bei den frohen Menschen sein.
4. … bei den armen Menschen sein
usw.

Text und Musik: Franz Kett
Aus: Religionspädagogische Praxis, Handreichung für elementare Religionspädagogik, Jhg. 1991, Nr. I, S. 8, „Im Anschauen deines Bildes"


## 13. Kyrie-Rufe

a) Auf, ihr Menschen

Text und Musik: Franz Kett
Aus: Religionspädagogische Praxis, Handreichung für elementare Religionspädagogik, Jhg. 1994, Nr. II, S. 16, „Vater unser im Himmel"


b) Jesus von Nazareth, hilf

Text und Musik: Franz Kett
Aus: Religionspädagogische Praxis, Handreichung für elementare Religionspädagogik, Jhg. 1988, Nr. I, S. 43; „Ich bin getauft"


## 14. Macht auf eure Augen, macht sie auf

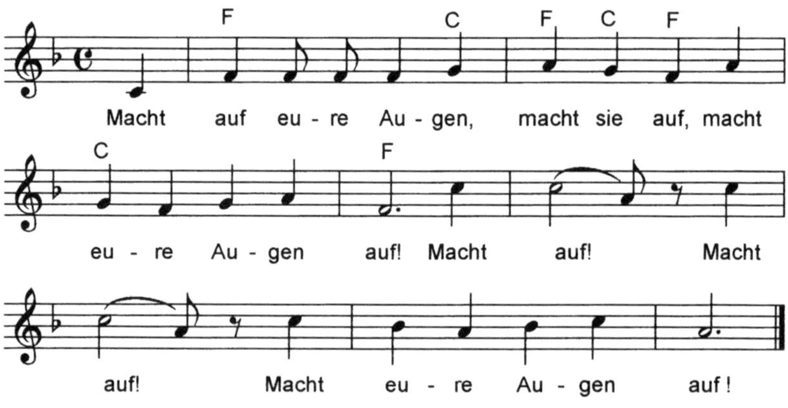


Weitere Strophen: Macht auf eure Ohren, Mund, Hände, Herzen …

Text und Musik: Franz Kett
Aus: Religionspädagogische Praxis, Handreichung für elementare Religionspädagogik, Jhg. 1988, Nr. III, S. 26, „Himmel und Erde freuen sich"

## 15. Mein Schäfchen ist wieder da

2. V: Wir tanzen voller Freud! A: Wir tanzen voller Freud!
   V/A: Mein Schäfchen, das verloren war, ist wieder da.

3. V: Wir tanzen jetzt zu zweit: A: Wir tanzen jetzt zu zweit.
   V/A: Mein Schäfchen, das verloren war, ist wieder da.

Text und Melodie: Franz Kett
Aus: Religionspädagogische Praxis, Handreichung für elementare Religionspädagogik, Jhg. 1987, Nr. III, S. 22, „Ein Kind wird uns geboren"

## 16. Setz' dich zu mir

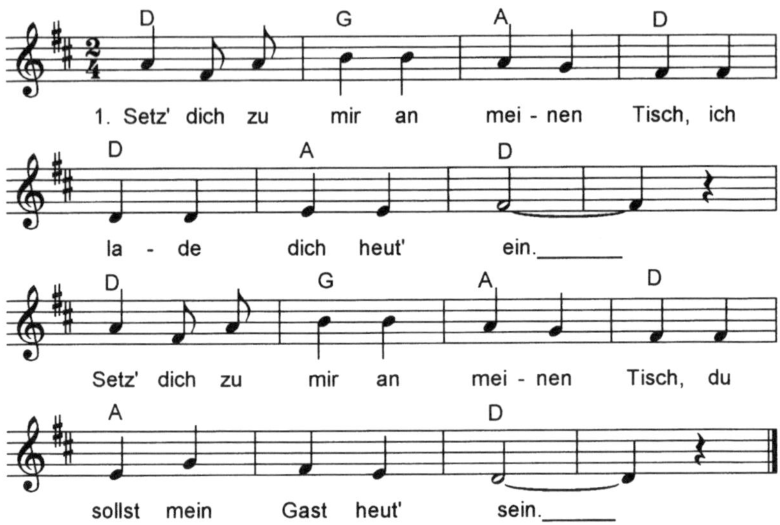


2. Setz' dich zu mir, auch du hast Platz,
   und teil' mit mir das Brot!
   Setz' dich zu mir, auch du hast Platz,
   so leidet keiner Not.

3. Setz' dich zu mir, wir halten Mahl,
   kein Kummer drückt uns mehr.
   Setz' dich zu mir, wir halten Mahl,
   gemeinsam ist's nicht schwer.

Text und Musik: Hanni Neubauer
Aus: Religionspädagogische Praxis, Handreichung für elementare Religionspädagogik, Jhg. 1987, Nr. IV, S. 45, „Heute noch muß ich bei mir …"

## 17. Tragt in die Welt nun ein Licht

2. Tragt zu den Alten ein Licht …
3. Tragt zu den Kranken ein Licht …
4. Tragt zu den Kindern ein Licht …

Text und Musik: Wolfgang Longhardt


## 18. Vater, segne diesen Tag

Text und Musik: Kathi Stimmer-Salzeder
Aus: „Lied der Hoffnung“ 3, Gesamtband 1992, 84544 Aschau a. Inn

Gestaltungsmöglichkeit:

| | |
|---|---|
| Vater, segne diesen Tag | *Hände zeigen offen nach oben* |
| das, was er uns bringen mag | *Hände bilden eine Schale* |
| und uns alle, Amen. | *Alle fassen sich an den Händen* |

(Zum Kanon eventuell Innen- und Außenkreis bilden)

**19. Viele, viele Menschen**

2. Viele, viele Menschen haben sich versammelt,
viele, viele Menschen winken sich jetzt zu:
Rechts winkt einer, links winkt einer …

3. Viele, viele Menschen haben sich versammelt,
viele, viele Menschen schauen sich jetzt an.
Rechts schaut einer, links schaut einer …

4. Viele, viele Menschen haben sich versammelt,
viele, viele Menschen geben sich die Hand.
Rechts gibt einer, links gibt einer …

Text und Musik: Franz Kett
Aus: Religionspädagogische Praxis, Handreichung für elementare Religionspädagogik, Jhg. 1991, Nr. II, S. 12, „Der auf dem Throne sitzt"

## 20. Wir feiern heut' ein Fest

1. Wir feiern heut' ein Fest
   und kommen hier zusammen.
   Wir feiern heut' ein Fest
   und laden alle ein.
   Refr.: Herein, herein,
   wir laden alle ein.
   Herein, herein,
   wir laden alle ein.

2. Wir feiern heut' ein Fest
   und singen miteinander.
   Wir feiern heut' ein Fest
   weil Gott uns alle liebt.

3. Wir feiern heut' ein Fest
   und danken für die Gaben.

4. Wir feiern heut' ein Fest
   und teilen miteinander.

Weitere Strophen selbst erfinden, zum Beispiel:
… und klatschen in die Hände

… und stampfen mit den Füßen
… und tanzen miteinander
… und schnippen mit den Fingern

Text: Rolf Krenzer
Musik: Ludger Edelkötter
Aus: „Wir feiern heut' ein Fest" (IMP 1022); Weil du mich so magst (IMP 1036)


## 21. Wir haben Gottes guten Geist

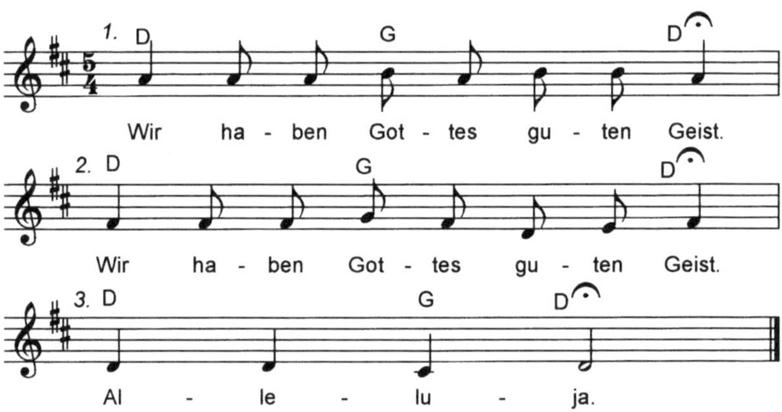


Text und Musik: überliefert

## 22. Zündet an das helle Licht

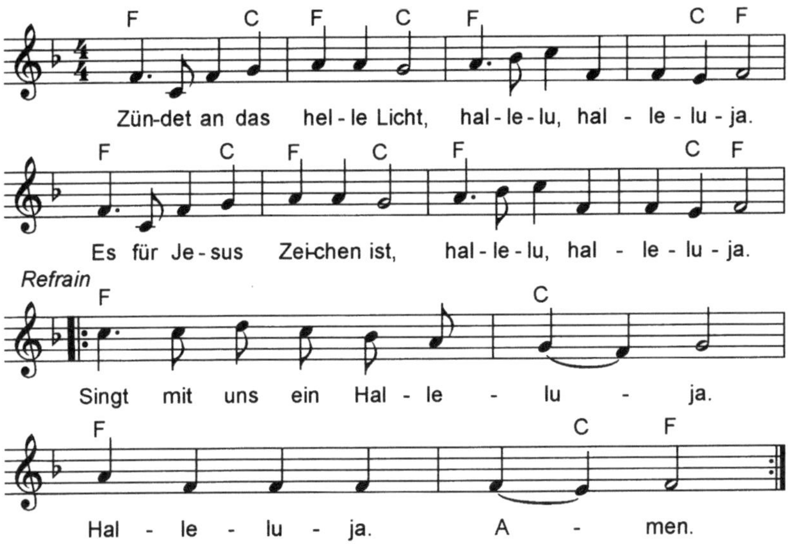


Text und Musik: Franz Kett
Aus: Religionspädagogische Praxis, Handreichung für elementare Religionspädagogik, Jhg. 1985, Nr. II, S. 41, „Was ihr dem Geringsten …“

# Stichwortregister

Die Ziffern beziehen sich auf die Nummern der Gottesdienste.